AF542810

LE

SIÈGE DE MONTARGIS

PAR LES ANGLAIS

(1427)

PAR

D. CORNET

PROFESSEUR D'HISTOIRE AU COLLÈGE DE MONTARGIS

Extrait des *Annales de la Société historique et archéologique du Gâtinais* (1903).

MONTARGIS

LIBRAIRIE ROGER

35, rue Dorée, 35

—

1903

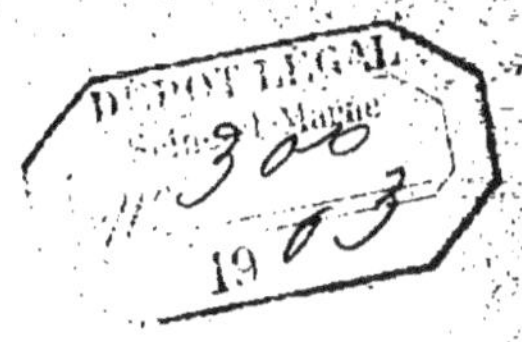

LE

SIÈGE DE MONTARGIS

PAR LES ANGLAIS

(1427)

PAR

D. CORNET

PROFESSEUR D'HISTOIRE AU COLLÈGE DE MONTARGIS

Extrait des *Annales de la Société historique et archéologique du Gâtinais* (1903).

MONTARGIS
LIBRAIRIE ROGER
35, rue Dorée, 35

1903

LE SIÈGE DE MONTARGIS

PAR LES ANGLAIS

(1427)

BIBLIOGRAPHIE

Le siège de Montargis par les Anglais se trouve mentionné, parfois même avec un certain luxe de détails, dans un grand nombre d'œuvres historiques antérieures à notre époque. M. Dupuis, conseiller à la Cour d'Orléans, dans son *Mémoire sur le siège de Montargis en 1427*[1], cite, à ce propos, parmi les histoires nationales, celles de Belleforest, Polydore Virgile, le P. Daniel, Villaret, Anquetil, de Sismondi, et, parmi les histoires particulières, celle de *Charles VII*, de Baudot de Juilly, et celle des *Ducs de Bourgogne*, de Barante.

Par contre, dans les ouvrages des cinquante dernières années, cet événement est l'objet d'une indifférence évidente. Si quelques auteurs s'y sont arrêtés encore assez longuement, — par exemple M. Vallet de Viriville, dans son *Histoire de Charles VII* (Paris, 1862-65); M. Cosneau, dans sa thèse sur le *Connétable de Richemont* (Paris, 1886), — la plupart n'y ont apporté qu'une attention distraite : — Henri Martin l'appelle « un accident isolé »[2]; — Michelet l'ignore totalement et pense que Montargis était en 1428 entre les mains des Anglais[3];

---

1. Orléans, 1853 (Appendice, pp. 35-46).
2. *Histoire de France*, V, p. 114.
3. *Histoire de France*, V, p. 153.

— Dareste en parle à peine[1]; — M. de Beaucourt, dans son *Histoire de Charles VII*, un peu concis d'ailleurs en ce qui touche aux faits militaires, se contente de rendre hommage au patriotisme des Montargois, sans apprécier le succès remporté[2]; — M. Coville, dans son chapitre de l'*Histoire générale* publiée sous la direction de MM. Lavisse et Rambaud, est muet sur le point qui nous occupe; — et M. Petit-Dutaillis enfin, dans l'œuvre la plus récente et la plus parfaite que nous possédions sur cette époque[3], y consacre exactement deux lignes.

Conclure de là que la critique moderne rejette l'épisode de la résistance de Montargis dans la catégorie des faits négligeables serait pourtant une erreur. A notre avis, le silence des historiens a une autre cause. Il résulte évidemment de l'intérêt trop exclusif avec lequel on a envisagé la défense d'Orléans et la merveilleuse chevauchée de la Pucelle : à mesure que les événements des années 1428 et 1429, étudiés avec un soin extrême, se détachaient dans une lumière plus vive, ceux des années précédentes, délaissés, perdaient de leur relief et finissaient par échapper aux regards.

En revanche, le récit du siège de 1427 tient une grande place dans les travaux d'histoire locale. Malheureusement, le premier en date de ces travaux adapte aux faits des versions populaires impossibles à contrôler, et ces versions sont reproduites en toute confiance dans la plupart des écrits postérieurs.

Ce premier ouvrage est celui de Dom Morin, grand-prieur de l'abbaye de Ferrières-en-Gâtinais, — *Histoire du Gastinois, Sénonois et Hurepoix* (Paris, 1630), — d'une étendue assez considérable, mais dont l'exactitude a été souvent trouvée en défaut.

Ensuite viennent ceux de Hureau de l'Yvoi, avocat au par-

1. *Histoire de France*, III, p. 85.

2. (Paris, 1881-93) : II, p. 18.

3. *Histoire de France* publiée sous la direction de M. Lavisse (Paris, 1902), IV, 2, p. 36.

lement et au bailliage et siège présidial de Montargis, — *Mémoire concernant la Ville de Montargis* (manuscrit de 1753, à la bibliothèque municipale), — travail intéressant à certains points de vue, mais dans lequel l'histoire du siège de 1427 est empruntée, de l'aveu même de l'auteur, à l'écrivain Varillas ;

Pelée de Varennes, receveur des finances, — *Notice sur l'histoire du Gâtinais* (manuscrit de 1782, 2 vol., à la bibliothèque Durzy), — copie de Dom Morin enrichie de notes empruntées à des dictionnaires biographiques ;

Jean-Baptiste-Stanislas Aubépin, maire de Montargis, — *Mémoire présenté au conseil municipal* (registre des délibérations, séance du 4 septembre 1812), — simple résumé des écrits antérieurs ;

Boivin, ancien libraire, — *Notice sur Montargis* (manuscrit, 1840-1847, 2 vol., à la bibliothèque Durzy), — compilation renfermant sur le siège de 1427 les récits de Monstrelet, du second Cousinot, de Guillaume Gruel et de Dom Morin ;

Girardot, sous-préfet, et Ballot, maire de Montargis, — *Documents relatifs à la Ville de Montargis et au siège de 1427*, (Montargis, 1853), — recueil de quelques pages ayant trait seulement aux chartes concédées par Charles VII en 1430 et 1431, et à leurs confirmations successives ;

Dupuis, conseiller à la Cour d'Orléans, — *Mémoire sur le siège de Montargis* (Orléans, 1853), — travail d'une réelle valeur, le premier qui soit établi d'après les témoignages des contemporains ;

Amicie de Villaret, lauréat de la Société archéologique et historique de l'Orléanais, — *Campagnes des Anglais dans l'Orléanais, la Beauce chartraine et le Gâtinais : l'armée sous Warwick et Suffolk au siège de Montargis* (Orléans, 1893), — ouvrage très documenté, mais étudiant principalement, d'après le manuscrit fr. 4484 de la Bibl. nat., l'effectif des troupes anglaises en 1427, 1428 et 1429 ;

G. Millon de Montherlant, — *Le Siège de Montargis* (dans la *Revue des questions historiques*, avril 1898, pp. 509-516), exposé parfois fantaisiste, sans indication de sources, et très inférieur aux deux précédents.

En ce qui nous concerne, nous n'avons nullement la prétention de révéler des détails inédits. Nous pensons seulement avoir utilisé un peu plus de documents que nos devanciers, nous imposant en outre la règle de les utiliser exclusivement, de rejeter tout ce qu'une critique sincère ne saurait admettre.

Nous avons mis d'abord à contribution les chroniqueurs du xve siècle, et les suivants nous ont offert de nombreux renseignements :

Enguerrand de Monstrelet : Chronique ; — *Le Fèvre de Saint-Remy* : Chronique ; — *Guillaume Cousinot* : La Geste des nobles ; — *Cousinot de Montreuil* : Chronique de la Pucelle ; — Journal d'un *Bourgeois de Paris* ; — *le héraut Berry* : Chronique ; — *Jean Raoulet* : Chronique ; — *Jean Chartier* : Chronique de Charles VII ; — *Guillaume Gruel* : Histoire d'Artus III de Richemont ; — *Guillaume de Tringant* : Commentaire du Journal de Jean de Bucil ; — Chronique du Mont-Saint-Michel ; — Petit traictié des Chroniques de Normandie ; — *Martial d'Auvergne* : Les Vigilles du roy Charles VII.

Plusieurs manuscrits de la Bibliothèque nationale nous ont également fourni des indications du plus grand intérêt, entre autres :

Le ms. fr. 4484, qui renferme le compte d'Andry d'Esparnon, trésorier des guerres pour le roi d'Angleterre[1];

Le ms. fr. 20684, copie des comptes de Hémon Raguier, trésorier des guerres de Charles VII ;

Dans le ms. fr. 26050 se trouve un reçu de matériel destiné au siège de Montargis[2], et une lettre du roi d'Angleterre relative à ce matériel[3];

Dans les mss. fr. 20379 et 20382, les originaux et copies d'une lettre de Charles VII et d'une quittance du Bâtard d'Orléans ;

Enfin, nous avons emprunté aux archives de la ville de Lyon une lettre du connétable de Richemont qui, à notre connais-

1. Cité en partie par Mlle de Villaret.

2. Cité par M. Cosneau : *le Connétable de Richemont*.

3. Citée par Mlle de Villaret.

sance, n'avait pas été utilisée jusqu'ici, malgré sa publication en 1882 par L. Sandret, et qui précise certains points encore discutés ; — aux archives de la ville d'Orléans, quelques détails dans le registre des Recettes et Dépenses pour les années 1426-1428[1] ; — aux archives de Montargis, les chartes de privilèges octroyées par Charles VII en 1430 et 1431.

Nous devons ajouter que MM. H. Stein et G. Lefèvre-Pontalis ont bien voulu prendre connaissance de notre manuscrit, et que nous avons mis à profit leurs très judicieuses observations.

---

1. Cité par M. Dupuis et par Mlle de Villaret.

I

État de la France en 1427

L est de toute évidence qu'un fait historique ne peut être apprécié à sa juste valeur qu'au milieu même des circonstances qui l'ont précédé, accompagné ou suivi. C'est pourquoi nous dirons brièvement, mais en premier lieu, quel était l'état de la France en 1427.

On sait que le traité de Troyes (1420), œuvre d'une reine méprisable et d'un prince égaré par ses ressentiments personnels, avait donné toute la France aux Anglais et déshérité complètement le dauphin Charles, à cause des « horribles et énormes crimes et délits » perpétrés audit royaume de France par ce Charles, » soi-disant dauphin du Viennois ». A la mort de Charles VI (1422), les provinces centrales et méridionales seules, partie de l'Orléanais, Berry, Touraine, Poitou, Saintonge, partie du Limousin et de l'Auvergne, Bourbonnais, Languedoc, Lyonnais, Dauphiné, avaient reconnu le « roi de Bourges »; celles du nord et de l'ouest au contraire, Picardie, Normandie, Ile-de-France, Champagne, Guienne, avaient accepté la domination étrangère; la capitale était entre les mains des ennemis; les grands corps du royaume, les États Généraux, le Parlement, étaient dévoués au jeune Henri VI d'Angleterre. Dans les années suivantes, les quelques places qui, dans le nord, n'avaient pas voulu reconnaître le traité de Troyes, avaient succombé les unes après les autres : Meulan, Montlhéry, Noyelles en 1423; Le Crotoy, Compiègne, Creil, La Fère, Coucy, Montaiguillon, Nesles, Sézanne, Gaillon, Ivry en 1424; Pithiviers, Étampes, Rambouillet, Nogent-le-Rotrou, Beaumont en 1425 et 1426. La bataille de Cravant (1423) avait donné aux Anglais toute la vallée de l'Yonne, où ils possédaient déjà Montereau et Sens, et assuré leurs communications avec les États bourguignons; la bataille de Verneuil (1424) avait privé Charles VII de ses meilleurs chefs de bandes tués ou faits prisonniers. Le roi d'Écosse, le duc de Milan, la maison d'Anjou demeuraient sans doute dans l'alliance de l'héritier légitime du royaume; le puissant comte de Foix et celui de Comminges venaient d'y entrer : mais les excellents auxiliaires écossais avaient tous péri à Verneuil; les ducs de Bourbon, d'Orléans, d'Angoulême, de Vendôme étaient prisonniers en Angleterre; les domaines de la duchesse d'Anjou, Yolande de Sicile, belle-mère du roi, avaient été envahis, malgré la victoire du comte d'Aumale à Gravelle (1423); le duc de Bretagne Jean V, qui s'était montré favorable à la France au moment où son frère avait été nommé connétable (1425), venait de se retourner du côté de l'Angleterre et d'accepter solennellement le traité de Troyes (3 juillet 1427); les espérances de rapprochement avec le duc de Bourgogne, — espérances fondées sur l'intervention du duc de Savoie Amédée VIII, sur le mécontentement causé à Philippe le Bon par le mariage de sa parente Jacqueline de Hainaut, dont il convoitait l'héritage, avec le régent Glocester, et par la fameuse équipée des deux époux dans les Pays-Bas (1424-1425), — s'étaient évanouies, grâce à l'adresse de l'autre régent Bedford et aux coupables intrigues des favoris de Giac et Le Camus de Beaulieu. Charles VII, séparé de ces favoris par la justice expéditive de Richemont et de Boussac, allait tomber sous l'influence, encore plus néfaste peut-être, de La Trémoille; il ne montrait guère d'activité que pour ses plaisirs, au contraire indécis, changeant, sans énergie, quand il s'agissait de ses plus graves intérêts, « perdant enfin gaiement son royaume », suivant le mot tant répété malgré son exagération évidente. Ses ressources pécuniaires étaient tellement minces et le trésor si complètement à sec que Richemont sera obligé de ravitailler Montargis à ses frais. Certes, la cause nationale n'était pas entièrement désespérée; le « Dauphin » conservait encore bien des sympathies, surtout depuis qu'il avait consenti à rejeter la tutelle du parti Armagnac; il demeurait aux yeux de tous le souverain légitime; la haine de la domination étrangère n'avait jamais été plus vive; mais il était grand temps que la fortune devînt moins cruelle, que les « besongnes du prince » cessassent de persévérer de mal en pis »[1].

Ainsi donc, en 1427, les Anglais avaient triomphé des dernières résistances locales dans le nord; tout le territoire depuis la Somme jusqu'à la Mayenne leur obéissait; ils étaient rassurés d'un côté à l'égard de

---

1. Voir *Le Gâtinais au temps de Jeanne d'Arc*, par Jules Devaux (*Annales de la Société du Gâtinais*, V (1887), p. 209-229).

l'alliance bourguignonne, ils avaient regagné de l'autre l'appui de la Bretagne. Quel devait être leur but à partir de ce moment? Évidemment de franchir la Loire, de porter la guerre au delà du fleuve, afin de rendre cette guerre plus décisive, d'atteindre Charles VII dans ses derniers asiles, de le forcer tout au moins d'abandonner le pays entre la Loire et le Massif central. Mais il fallait pour cela s'assurer des routes qui conduisent de Paris, centre de la domination anglaise, vers le Berry et le Poitou, centres de la résistance nationale. Le plan de Bedford à ce point de vue nous paraît se développer avec un admirable esprit de suite, esprit de suite parfaitement admissible de la part d'un homme aussi calculateur, aussi prudent et aussi habile. Il commence par les routes extrêmes, celles par lesquelles il pourrait être tourné. L'affaire de Cravant, complétée par la prise de La Charité (1424), le rendent maître du chemin de l'Yonne et du Nivernais. Il cherche ensuite à occuper celui qui descend le Loir pour traverser le Blésois, et il décide d'assiéger Vendôme (mai 1427)[1]; des raisons encore assez mal connues, peut-être un retour offensif des Français qui durent investir vers cette époque Marchenoir et Mondoubleau[2], empêchent ce projet d'aboutir. Restent les deux voies principales, celles qui contournent de part et d'autre la forêt d'Orléans, celle du Loing et celle de la Beauce, défendues l'une et l'autre par deux places

1. Bibl. nat., ms. fr. 26050, f° 807 (voir Appendice XVII).

2. Les deux places furent reprises en effet dans la première semaine de septembre 1427 (Lettre du connétable de Richemont citée plus loin. — Appendice XVIII).

de tout premier ordre, Montargis[1] et Orléans. Il se tourne tout d'abord contre la première[2], et la tentative des Anglais sur le Loing va ressembler d'une manière étonnante à leur campagne sur la Loire : c'est Bedford lui-même qui prépare l'expédition; il en charge ses meilleurs lieutenants; le sort de Montargis éveille des préoccupations assez vives pour faire sortir Charles VII de son indifférence habituelle, pour faire accourir à l'appel de Richemont presque tous les capitaines demeurés fidèles à la cause du « roi de Bourges », pour provoquer deux envois successifs de secours; la levée du siège enfin, obtenue plus facilement qu'on ne l'avait espéré, provoque une joie universelle et que nous ne soupçonnons plus maintenant.

La résistance de Montargis est-elle donc un fait beaucoup moins intéressant que celle d'Orléans? Tout en tenant compte, comme il convient, de la population plus faible de notre ville, de la durée plus courte de l'investissement, des particularités moins retentissantes de la délivrance, nous ne pouvons faire autrement que de considérer les deux événements comme présentant la même valeur, comme dignes d'être placés par les historiens sur le même plan[3].

1. Cette importance militaire de Montargis à la fin du moyen âge nous paraît avoir échappé à la plupart des auteurs. Nous y reviendrons au chapitre suivant.

2. La route du Loing était peut-être plus fréquentée alors que celle de la Beauce : le duc de Berry l'avait suivie en 1412 en allant de Paris à Bourges (*Chronique* de Pierre Cochon); le dauphin Charles y était passé après sa fuite de Paris en 1418 et en se rendant à l'entrevue de Pouilly, en 1419 (*Monstrelet, le hèraut Berry*).

3. M. Cosneau émet une opinion identique : « Bedford attachait la

II

Montargis vers 1427

En second lieu, qu'était Montargis en 1427? Il est difficile de répondre avec précision.

Possédant une origine très obscure, mais vraisemblablement la même que celle de la plupart des agglomérations urbaines du centre de la France, — une bourgade se développant grâce à la protection d'un manoir féodal[1], — elle n'avait guère commencé à faire parler d'elle qu'à la fin du XIIe siècle.

Elle avait appartenu jusqu'en 1160 aux barons de Courtenay, puis, à partir de cette date, à Pierre de France, fils de Louis le Gros, devenu seigneur de Courtenay par son mariage avec Élisabeth, fille du baron Renaud. C'était ce Pierre de France qui avait concédé à la ville ses premiers privilèges[2] en 1170,

---

» plus grande importance à la prise de Montargis, qui lui eût ouvert le » chemin de la Loire. » (*Le Connétable de Richemont*, p. 145). — M. Petit-Dutaillis dit de son côté que Bedford revenu d'Angleterre en mars 1427 « allait commencer *les opérations destinées à assurer* le passage de la Loire » (*Histoire de France*, IV, 2, page 36).

1. Il est évidemment impossible d'accorder la moindre créance à l'assertion de Dom Morin, à savoir que Montargis « a eu pour commencement » un fort chasteau basty sur une colline par le roy Clovis, pour servir de » frontière et deffense contre l'invasion des Huns, Wisigots et Ostrogots » qui ravageoient la France sous la conduite d'Alaric » (*Histoire du Gastinois*, p. 9-10).

2. Le texte authentique de la charte de Pierre de France, qui serait fort intéressant comme contribution à l'histoire de l'émancipation des villes, s'est perdu (Maurice Prou, *Les Coutumes de Lorris et leur propagation*, Paris, 1884, p. 89). Il n'en existe, dans tous les cas, aucune trace

privilèges à peu près identiques à ceux que Louis VII venait d'octroyer à Lorris (1155) : fixation du cens seigneurial à cinq sous par maison, exemption de toute redevance sur les denrées mises en vente, droit de confiscation limité aux crimes commis en public ou contre le seigneur, garanties relatives à la sécurité personnelle de ceux qui viendraient aux marchés et aux fêtes.

Quelques années plus tard, en 1184, elle avait été cédée à Philippe-Auguste par le futur empereur de Constantinople, Pierre II de Courtenay, au moment du mariage de celui-ci avec Agnès de Nevers, pupille du roi. Elle était alors demeurée à la Couronne jusqu'au commencement du XVe siècle[1], agrandie et très probablement fortifiée par Charles V, qui n'avait pu manquer d'être frappé des avantages qu'elle présentait pour une résistance[2].

Réservée[3] d'abord par Charles VI lors de la cession du duché d'Orléans à son frère Louis (4 juin 1392),

---

aux Archives de Montargis. Ces archives ne possèdent (AA. 1) qu'une copie moderne de la confirmation de ladite charte par Philippe V en 1320. C'est cette confirmation également qui est insérée dans le recueil des *Coutumes anciennes de Lorris, des Bailliage et Prévosté de Montargis-le-Franc, de Saint-Fargeau, Chastillon-sur-Loüain et autres lieux ressortissans, audit Bailliage de Montargis* (Paris, 1629, pp. 1-4), et dans les *Privilèges de la Ville de Montargis* (Paris, 1662, pp. 206-212).

1. Attesté par un certain nombre de lettres patentes des rois, notamment de Philippe-Auguste (1189), de Saint-Louis (1256), de Philippe V (1320), de Philippe VI (1346). — (*Archives municipales*, et ouvrage de Dom Morin).

2. Christine de Pisan (édit. Michaud et Poujoulat), I, p. 612. — *Chronographia regum Francorum* (édit. Moranvillé), II, p. 396. — Dom Morin en donne également comme preuve une inscription de 1380 gravée sur le timbre d'une horloge qui ornait l'une des tours du château (*Histoire du Gastinois*, p. 16).

3. *Chronographia regum Francorum*, III, pp. 104-105.

elle avait pourtant été donnée à ce dernier en 1404 comme accroissement d'apanage[1]. Reprise à la famille d'Orléans après l'assassinat du duc (1407)[2], elle formait au moment du siège et depuis 1425, — cela avec Gien, Dun-le-Roi et Fontenay-le-Comte, — le douaire[3] dont jouissait la femme du connétable de Richemont, Marguerite de Bourgogne, comme veuve en premières noces du duc de Guyenne, frère aîné de Charles VII.

La ville, bâtie, comme on sait, un peu en aval du confluent de l'Ouanne et du Loing et au point de jonction de ce dernier avec le Vernisson et le Puiseaux, était blottie entre la colline du château et le plus occidental des bras de la rivière, ne dépassant pas vers le sud-ouest le fossé qui joint le canal actuel au Puiseaux, parallèlement aux rues Gudin et Girodet. De solides murailles l'enveloppaient, et six portes y donnaient accès : la porte du Loing sur la route de Sens; la porte du Pont-de-l'Ouche ou la Poterne; la porte du Pont-Quarré sur la route de Lyon; la porte du Martroy ou de la Conception sur la route d'Orléans; la porte de la Sirène sur l'ancienne route de Paris; la porte du Pâtis, où venaient aboutir les chemins de la forêt, de Saint-Dominique et de Châlette. En face de chaque porte, des faubourgs, dont le plus considérable était celui de la Chaussée, com-

1. *Archives nationales*, J. 467.

2. *Archives nationales*, J. 467.

3. Guillaume Gruel, *Histoire d'Artus III de Richemont* (édit. Michaud et Poujoulat, III, p. 191). Vallet de Viriville, *Histoire de Charles VII*, t. II, p. 18. De Beaucourt, *Histoire de Charles VII*, t. II, p. 28.

muniquant avec la porte du Loing par une suite de ponts plusieurs fois reconstruits depuis cette époque. Tout autour de la ville, le fond de la vallée, large d'un kilomètre et demi, occupé par une prairie souvent inondée et interrompue çà et là par des jardins[1]. Au delà des coteaux légèrement escarpés de la rive gauche, dans la direction d'Orléans, des champs cultivés; sur ceux de la rive droite, dans la direction de la Bourgogne, quelques vignes et la forêt. Sur la lisière de celle-ci, isolé, le monastère de Saint-Dominique, fondé en 1242 par Amicie de Montfort, fille du fameux chef de la croisade des Albigeois et veuve de Gautier de Joigny, monastère qui avait vu dans ses murs une foule de personnages de marque[2] et qui allait servir de quartier général à Warwick.

---

1. Voir le croquis ci-après (p. 23). Ce croquis n'a pu être établi toutefois d'après des documents contemporains. Le plus ancien plan du château que nous possédions est celui de Du Cerceau (*Les plus excellens Bastimens de France*, Paris, 1576). Pour la ville, le *Théâtre françois* de Maurice Bouguereau (Tours, 1594), n'a qu'une carte (pl. 3) de la vallée du Loing; — l'ouvrage de Tassin, les *Plans et profilz des principales villes de France* (Paris, 1631) donne bien (t. I, p. 219) un plan de Montargis, mais tellement élémentaire qu'il ne saurait être d'une grande utilité; — la *Topographie françoise* de Claude Châtillon (Paris, 1641-1649), a des plans de toutes les localités voisines, mais aucun de Montargis; — dans la *Topographie de la France* (Cabinet des Estampes de la Bibliothèque nationale) se trouvent trois petits plans, mais qui paraissent une reproduction de celui de Tassin. Nous avons dû faire usage de plans de 1739 (*Bibl. mun. de Montargis* : plan établi pour la construction du canal de Monsieur), de 1750 (Bibl. nat. C. 784 et 785), de 1783 (Montargis : cabinet du Maire). Malgré tout, il est possible d'affirmer l'exactitude, au moins générale, de ce croquis : d'abord, la position des bras du Loing, position qui a peu varié, malgré la construction du canal de Briare, constitue une indication fort importante; en second lieu, de nombreux vestiges des anciennes fortifications existent encore; on peut utiliser enfin les descriptions de Dom Morin (*Histoire du Gastinois*, pp. 13-28) et de Hureau de l'Yvoi (manus. de la Bibl. mun. de Montargis, pp. 19-20).

2. Parmi les tombeaux de l'église du monastère, on cite ceux de la

Mais ce qui attirait surtout les regards, c'était le château, dont l'imposante masse dominait tout. Si l'on gravissait la rampe assez raide qui y conduisait, si l'on franchissait la porte, étroite et protégée par de puissants ouvrages, si surtout on pouvait accéder au donjon central, on était frappé de l'étendue considérable occupée par le vieux manoir, capable de contenir jusqu'à 6000 hommes; de sa merveilleuse position, d'où le regard pouvait s'étendre sur toute la plaine à l'ouest de Montargis, sur toute la vallée du Loing depuis Conflans jusqu'à Fontenay et jusque par delà la forêt. Ce château, dont Viollet-le-Duc place la construction au milieu du XIIIe siècle et qu'il considère comme le type des forteresses de l'époque[1], était en effet destiné à couvrir le croisement des routes de la vallée du Rhône vers Paris et de la Loire moyenne vers la Champagne. Il pouvait battre ces routes de flanc, les obligeait à traverser à ses pieds un espace découvert et fermé par des portes aux deux extrémités, les dominait de ses hautes murailles flanquées de tours très saillantes et plongeant dans des fossés très larges. Aucune possibilité de l'enlever par un coup de main : pour arriver à la porte principale, il fallait d'abord être maître de la ville; une seule issue en dehors de cette

---

fondatrice Amicie de Montfort (Dom Morin), d'une fille de Frédéric II d'Allemagne (Dom Morin), de Marie de Luxembourg, épouse du roi Charles IV le Bel, morte d'accident à Montargis (*Chronog. reg. Francorum*, I, pp. 274-75), du roi de Bohême Jean l'Aveugle, tué à Crécy (id. II, p. 234), mais dont le corps fut ensuite transporté dans ses États (*Revue des Questions historiques*, article de Th. de Puymaigre, n° du 1er octobre 1892).

1. *Dictionnaire de l'architecture*, III, pp. 103-104.

porte, mais passant au travers d'une grosse tour[1], une véritable souricière; le seul point saillant et vulnérable, l'angle nord-ouest, présentant deux ouvrages l'un derrière l'autre et deux tours très rapprochées, d'un diamètre plus grand que celui des voisines[2]. A l'intérieur, quelques bâtiments isolés, écuries, boulangerie, magasins, hangars, chapelle de Sainte-Marie avec la crypte de Saint-Ginefort, hôtel du roi, hôtel de Guyenne. Au milieu, l'énorme donjon circulaire à plusieurs étages, avec une cour également circulaire au centre; dans cette cour, un puits extrêmement large et extrêmement profond[3], nouvelle embûche à l'égard d'un ennemi vainqueur ou précaution excellente pour une résistance suprême; ce donjon communiquant avec la grande salle par une galerie couverte. Enfin, adossée à l'enceinte, de même que les logis de la garnison, cette grande salle elle-même, la merveille du château, beaucoup plus importante, dit Viollet-le-Duc[4], que celle des États de Blois, ayant en effet à l'extérieur, avec ses six tourelles et ses cinq contreforts, 63 mètres de long et 24 mètres de large[5], à l'intérieur 56 mètres sur 17, divisée en deux étages, dont le plus remarquable était le supérieur avec ses dix-sept fenêtres à méneaux et à vitraux peints, ses six cheminées, sur l'une desquelles était sculpté le fameux

1. En A sur le plan.
2. En B sur le plan.
3. Il ne subsiste plus aujourd'hui que ce puits, quelques pans de murs, la crypte de la chapelle (cf. *Annales de la Société du Gâtinais*, 1900, p. 123), et une poterne à herse assez bien conservée.
4. *Dictionnaire d'architecture*, VIII, pp. 77-79.
5. Dom Morin (ouv. cité), p. 16.

combat de « Macaire et du Chien », sa voûte en charpente et ses peintures; en dehors de ses communi-

CHATEAU DE MONTARGIS[1]

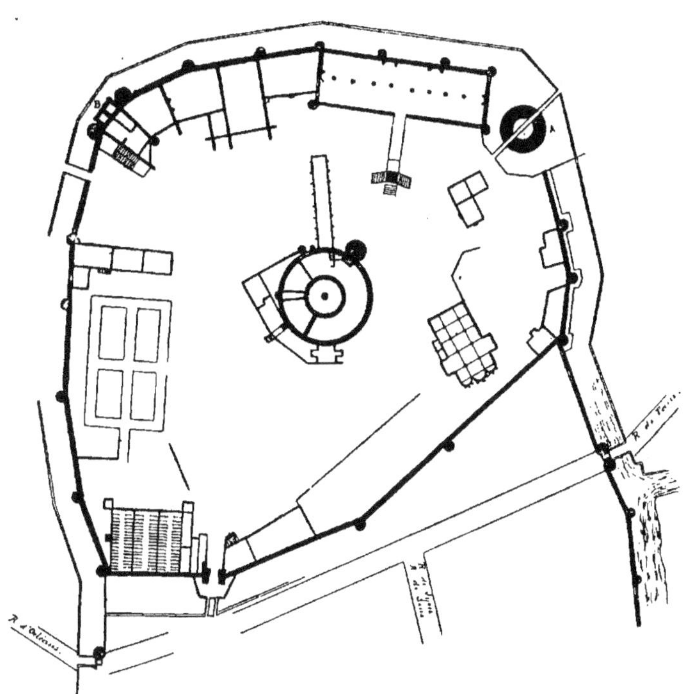

cations avec le donjon et avec les appartements du seigneur, ce premier étage ayant pour dégagement un escalier monumental à trois rampes[2]; tout ceci construit en vue de la défense, l'étendue de la salle

---

1. D'après Androuet Du Cerceau : *Les plus excellens Bastimens de France* (Paris, 1576), vol. Ier.

2. Dom Morin dit que cet escalier portait sculptées les armes de France avec les mots « Carolus Octavus ». Il est possible que Charles VIII l'ait fait réparer ou reconstruire, mais la grande salle était sûrement bien antérieure.

permettant d'y rassembler, pour donner des ordres, toute la garnison, les issues disposées pour que de là on pût atteindre promptement les points à défendre, la salle elle-même, surmontée d'une galerie crénelée, pouvant servir de refuge après la rupture, facile à effectuer, des arches qui soutenaient l'escalier et la galerie d'accès.

En résumé, Montargis n'était certes pas, au commencement du xve siècle, une grande ville; mais elle avait pourtant déjà une population assez considérable pour le temps[1], une prospérité très réelle, provenant de sa position sur une rivière qui joint presque complètement la Loire et la Seine, au croisement, comme nous l'avons dit, des deux voies de Paris à Lyon et d'Orléans vers Troyes, position qui y amenait en grand nombre « les marchans des pays » d'Auvergne, Languedoc, Avignon et d'ailleurs », avec lesquels « soulloient passer en grand multi» tude les mulez et autres voitures desdits pays char» gées de toutes manières de denrées et marchan» dises[2] »; position qui en faisait enfin comme une » advenue de tous les costez du royaume vers la » capitale[3] ».

Elle était surtout, en raison des cours d'eau qui en défendaient l'approche et qui lui ont fait attribuer le surnom de « Venise du Gâtinais », de sa ceinture

---

1. Préambule de la deuxième charte de Charles VII (mai 1430) : *Arch. mun.*, AA. 1.
2. Même charte.
3. Belleforest, *Les Grandes Annales* (Paris, 1579), p. 1074.

de murailles, de son château, « une place très forte et très bien protégée »[1], en quelque sorte « la clef » du pays entre la Seine et la Loire »[2].

III

L'Investissement

Le siège de Montargis fut-il décidé en même temps que celui de Vendôme, c'est-à-dire dans les derniers jours de mai 1427, comme le ferait supposer un commencement de compte du trésorier des guerres Andry d'Esparnon[3]; — ou le fut-il après l'abandon du projet sur Vendôme et par suite de l'adoption d'un nouveau plan de campagne, vers le 1er juillet, comme l'indiquent d'autres documents[4]? Les deux hypothèses sont permises.

Dans tous les cas, en l'absence de Salisbury, que les uns croient alors en Angleterre et d'autres en train de guerroyer dans les environs de Reims, le régent Bedford confia la direction de l'entreprise à Richard de Beauchamp, comte de Warwick et d'Aumale[5], et à William de la Pole, comte de Suffolk

1. « *Mons Argis... firmissimus atque munitissimus locus* ». Th. Basin, *Histoire de Charles VII*, édit. Quicherat, I, p. 123.

2. Préambule de la deuxième charte de Charles VII. — Enguerrand de Monstrelet, édit. Douët d'Arcq, IV, p. 271.

3. Bibl. nat. ms. fr. 4484, f° 45 v° (v. App. XIV).

4. Bibl. nat. ms. fr. 26050, pièces 746 et 807 (v. App. XV et XVII).

5. Au titre anglais : le comté d'Aumale, confisqué sur la famille d'Harcourt, avait été donné à Warwick en 1423 (Longnon, *Limites de la France à l'époque de la mission de Jeanne d'Arc*, dans la *Revue des Questions historiques*, t. XVIII, 1875, p. 507). Warwick ne parait avoir exercé le com-

et de Dreux[1]. Ceux-ci « mandèrent à cet effet gens » de toutes parts en grant nombre, tant Anglois » que de leurs alliez, et si firent provision d'artil- » lerie[2] ». Leurs troupes, rassemblées à Verneuil au Perche vers le 2 juillet[3], et médiocrement considérables, comme ce fut l'ordinaire pendant la dernière partie de la guerre de Cent ans[4], devaient atteindre à peine 3000 combattants[5]. Ils avaient pour lieutenants John de la Pole, frère de Suffolk, Henry Bisset, Robert de Willughby comte de Vendôme, Henry Bouchier comte d'Eu, William Glasdall, Edmond de Beaufort, Roger de Camoys, William Boucton, Thomas Kingeston, Augerot d'Estivaux, Guillaume de Clinton, Thomas Beaumont, Richard Wetherton, Thomas Gargrave, Lancelot de l'Isle,

---

mandement suprême et n'être arrivé devant Montargis que le 21 juillet (Chronique du héraut Berry; cf. A. de Villaret, *Campagnes des Anglais*, etc., p. 19).

1. Au titre anglais : avait reçu ce comté en 1424 (Longnon, art. cité, p. 512).

2. *Chronique de la Pucelle*.

3. Bibl. nat., ms. fr. 26050, p. 746; — ms. fr. 4484, f° 47 v°.

4. L'effectif des Anglais au siège d'Orléans ne dépassa jamais 5050 hommes (cf. Amicie de Villaret, *Campagnes des Anglais*..., — Petit-Dutaillis, *Hist. de Fr.*; — Anatole France, *Le siège d'Orléans*, 1902).

5. Monstrelet. — C'est le chiffre le plus faible fourni par les chroniqueurs. Raoulet parle de 6 à 7000 hommes; Lefèvre de Saint-Remy, qui estime à 7000 le nombre des morts dans le combat final, laisserait supposer un effectif beaucoup plus considérable. — Amicie de Villaret (*Camp. des Anglais*, p. 10-23), qui a établi en détail, d'après le payeur Andry d'Esparnon (ms. fr. 4484), le compte des forces anglaises, — les unes recrutées en Angleterre par le régent Bedford, au printemps de 1427, les autres amenées par Suffolk et par Warwick, — n'arrive qu'au total de 500 hommes d'armes et 1500 archers. Mais les alliés des Anglais avaient dû fournir des contingents, comme le fait supposer la *Chronique de la Pucelle* ainsi qu'une quittance signée de Dunois (ms. fr. 20382, p. 18). L'armée anglaise comptait en outre de nombreux non-combattants.

Eustache Gaudin, Jean le Baveux, Alexandre Héron, etc.[1]

Ils durent investir Montargis vers le 15 juillet[2]. A cause de la configuration des lieux, les chefs furent

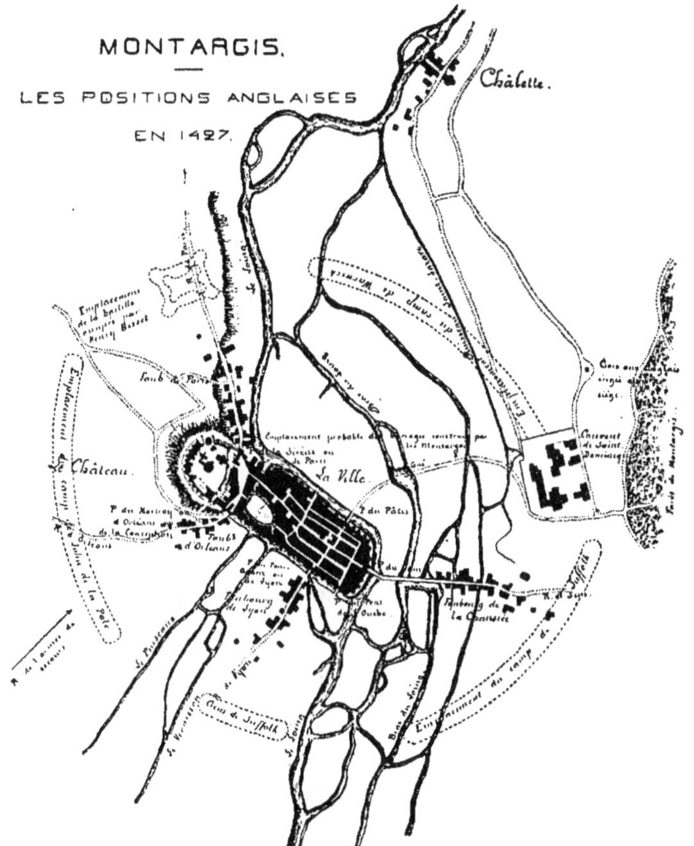

obligés de diviser leurs forces en plusieurs corps : « Il convenoit faire trois sièges, lesquelz assez dan-

1. A. de Villaret, p. 10-21, toujours d'après le ms. fr. 4484. — Gruel nomme encore Talbot.

2. *Journal d'un Bourgeois de Paris.*

» gereusement povoient bailler souscours l'un à » l'autre[1] ». Warwick s'établit au nord de la ville, appuyé à la forêt, sa troupe couvrant la rive droite du Loing jusqu'à Châlette, et lui-même étant logé dans l'abbaye de Saint-Dominique[2]; Suffolk se posta à l'est et au sud-est, du côté de Châtillon[3], surveillant à la fois la route de Bourgogne et celle de Lyon; le sire de la Pole et Henry Bisset campèrent à l'ouest dans la plaine qui entoure le château, depuis la route d'Orléans jusqu'à celle de Paris[4]. C'était évidemment sur ce dernier point que devait porter le principal effort des assiégeants, l'investissement étant plus commode qu'au milieu des prés et des ruisseaux du sud et du nord, et l'objectif étant naturellement le château.

Pour assurer les communications des corps les uns avec les autres dans ces conditions difficiles, il fallut combler quelques-uns des bras du Loing et construire des ponts sur la rivière principale, sur le Puiseaux et sur le Vernisson[5]. Puis, comme il ne paraissait guère possible d'enlever la place par un coup de main et que le siège semblait devoir être long, on fortifia chacun des camps au moyen de fossés et de palissades formées de pieux inclinés. Enfin, dans l'intérieur de ces enceintes, on édifia pour les soldats de petites huttes couvertes de

---

1. Monstrelet.
2. id.
3. Berry.
4. *Chronique de la Pucelle.* — Monstrelet.
5. Monstrelet.

chaume, de paille et d'herbes sèches[1]. S'il faut en croire Raoulet et Martial d'Auvergne, une grande bastille fut même élevée par la troupe de Bisset, c'est-à-dire à peu de distance de la route de Paris et du Loing.

La ville et le château furent vigoureusement attaqués et par tous les moyens alors en usage : coups de bombardes « dont les murailles furent fort batues » en divers lieux[2] », mines creusées sous les remparts pour les faire crouler, tentatives répétées pour enlever d'assaut les endroits faibles ou moins bien gardés[3].

Aucun de ces moyens ne réussit. La garnison, peu nombreuse, mais composée de « vaillantes gens », résistait avec la plus grande énergie. Elle était sous les ordres d'un capitaine gascon nommé Bouzon de Fages, homme d'une très grande bravoure en même temps que capitaine expérimenté[4]. Les habi-

1. Monstrelet, — *Chronique de la Pucelle,* — Jean Chartier.

2. *Chronique de la Pucelle.*

3. Raoulet, — Monstrelet, — Jean Chartier.

4. M. Dupuis, dans son *Mémoire sur le siège de Montargis,* et Mlle de Villaret, dans les *Campagnes des Anglais dans l'Orléanais,* mentionnent en dehors de Bouzon de Fages un autre capitaine, le sire de Villars, qui aurait été gouverneur de la ville. La même indication se trouve dans Henri Martin. Mais, en premier lieu, on n'aperçoit aucun motif à cette division du commandement. D'autre part, Monstrelet parle de ce Villars comme étant venu à Montargis avec la troupe de Dunois. Enfin, — et ceci est décisif, — M. Vallet de Viriville a retrouvé la date de la nomination du sire de Villars comme capitaine-commandant à Montargis, et elle est postérieure au siège : 6 avril 1431. Du reste les Montargois n'eurent pas à se louer de son gouvernement : créature de La Trémoille, il joua le rôle le plus équivoque au moment d'une surprise du château par l'Aragonais François de Surienne, au service de l'Angleterre. Bien que cette surprise n'ait pu avoir de conséquences graves, puisque les Anglais étaient alors écartés des bords de la Loire, « ledit seigneur de Villars demoura » longtemps en la male grâce du roy et du monde, parce qu'il n'avoit au-

tants contribuaient de toutes leurs forces à la défense, « grévant beaucoup les Anglois, spécialement » de coups de traict, tant de grosses arbalestes que » de canons »[1].

Il y eut sous les murs de la ville et par diverses fois de « gaillardes escarmouches », dans lesquelles les défenseurs eurent souvent l'avantage. Dans l'une d'elles, Eustache Gaudin fut fait prisonnier par les Montargois[2]. Un autre de ces menus faits a quelque ressemblance avec certains incidents du siège d'Orléans; il est rapporté en ces termes par la Chronique de la Pucelle : « Un certain jour y eust une sortie, » en laquelle fut pris un de ceux de la garnison, » lequel avoit autrefois esté du party du duc de Bourgongne; et, pour se délivrer, il dit aux Anglois » que s'ils le vouloient laisser aller, qu'il luy sembloit » bien qu'il trouveroit moyen de leur bailler le » chasteau par un lieu dont il avoit la garde quand » il y estoit; et entre autres le dit à messire Simon » Morhier, un chevalier françois, et leur montra par » dehors la manière et le lieu; et les Anglois advisèrent sur ce que la chose estoit bien faisable, et » fut prins le jour et l'heure; puis ils le laissèrent » aller. Il entra donc dedans la place, et aussi tost

---

» trement pourveu à la garde et seureté de ladite place de Montargis », La Trémoïlle lui-même, chargé de reprendre le château, « fit peu de diligence, dont tout le peuple de France fut fort mécontent de lui ». (V. le héraut Berry, qui raconte cet épisode avec de nombreux détails, pp. 385-386).

1. *Chronique de la Pucelle.*—Un des canons portait le nom de la ville, « Montargis ». Il servit ensuite à la défense d'Orléans et à celle de Jargeau (*Arch. mun. d'Orléans,* CC. 550).

2. Bibl. nat., ms. fr. 4484, f° 170.

» qu'il y fut, il dit audit Bouzon tout ce qu'il avoit » dit et fait; lequel en fut bien joyeux, car il luy » sembloit bien que par ce moyen il en pourroit bien » prendre et accabler. Les Anglois et Bourguignons » vinrent au jour assigné et à l'heure entreprise, et » furent diligens de dresser leurs eschelles, puis » entrèrent dedans; mais aussi tost qu'ils y estoient » entrez, on les prenait et désarmoit on, et, entre les » autres, le susdit messire Simon[1] y entra lui-même » et fut prins. Il ne retournoit personne par la fe- » nestre par où ils entroient, de sorte que les Anglois » apercеurent bien qu'il y avoit tromperie; néant- » moins il y en eut quinze ou seize de pris. »

Le siège se prolongea jusqu'au commencement de septembre. Les assiégeants avaient fait peu de progrès et souffraient assez de la disette pour que le payeur Andry d'Esparnon fût obligé d'avancer la date du versement de leur solde et de venir pour cela à Montargis dans les premiers jours du mois d'août[2]; pour qu'il dût encore faire parvenir de nouvelles sommes d'argent, de nouveau matériel, ainsi qu'une grande quantité de vivres, à la fin du même mois[3]. Les assiégés se trouvaient évidemment dans une détresse beaucoup plus grande, et « avoient bon » besoing d'allégeance »[4]. Ils avaient depuis long-temps fait connaître leur situation à Charles VII, et

1. Simon Morhier occupa les fonctions de prévôt de Paris au titre anglais de 1422 à 1436 (Bibl. nat., ms. Clairambault, 463; — ms. fr. 4484, f° 201 v°).

2. Bibl. nat., ms. fr. 4484, f°s 176 et 180.

3. Bibl. nat., ms. fr. 4484, f°s 177 v°, 178 r°, 180 r°, 181 r°.

4. Martial d'Auvergne.

celui-ci, que Richemont venait justement de soustraire à l'influence du grand écuyer Le Camus de Beaulieu, son favori[1], fit de louables efforts pour secourir les Montargois. Dès le 17 juillet, après avoir pris l'avis de son conseil et par lettres données à Niort, il chargea un de ses capitaines, Jean Girard, de conduire à Montargis un convoi de vivres avec quelques renforts[2]. Mais l'expédition qui fut la conséquence de cet ordre n'aboutit pas, soit que Girard eût été arrêté dans sa route, soit que sa troupe se fût trouvée trop faible pour forcer les lignes anglaises[3]. D'autres messages plus pressants furent adressés au roi; les Montargois lui faisaient savoir que, « s'il ne leur envoioit souscours assez » brief, il les convendroit rendre entre les mains de » leurs adversaires »[4]. Charles VII réunit de nouveau son conseil à Orléans[5], fit décider l'envoi d'une seconde expédition à Montargis et, cette fois, en confia l'organisation au connétable lui-même.

---

1. De Beaucourt, *Histoire de Charles VII*, t. II, p. 139-142.

2. Bibl. nat., ms. fr. 20684, f° 546.

3. Monstrelet; — Gruel; — Vallet de Viriville, *Histoire de Charles VII*; — Cosneau, *Le connétable de Richemont*.

4. Monstrelet.

5. Monstrelet. — Une autre preuve de l'intervention directe du roi est fournie par le préambule de chacune des chartes concédées à la ville de Montargis en 1430 et 1431 : « Les habitans furent délivrez par le bon ayde » et secours que leur donnasmes ». Pourtant il ne convient pas de tenir trop de compte de cette affirmation, Charles VII, ou plutôt son entourage, devant s'attribuer sans scrupule le mérite des succès remportés en dehors d'eux.

IV

La Délivrance

Richemont se rendit à Jargeau[1] et appela auprès de lui tous les chefs de bandes qui se trouvaient dans les environs. Parmi eux étaient le bâtard Jean d'Orléans, — le futur comte de Dunois, — tout jeune encore et dont la délivrance de Montargis allait être un des premiers exploits[2]; le valeureux gascon Étienne de Vignoles, — La Hire, — qu'on rencontrait « partout où il y avait des coups » à donner »[3]; le sire de Gaucourt, l'ancien défenseur de Harfleur, sorti récemment d'une captivité de douze années[4] et qui devait bientôt après se signaler dans la défense d'Orléans; puis Guillaume d'Albret, Géraud de La Pallière, Alain Giron, Brangonnet d'Arpajon, Sauton de Mercadieu, Gilles de Saint-Simon, Gautier de Brussac, Denis de Saint-Savin, Jean Girard, le bâtard de Culant, le bâtard de

---

1. Guill. Cousinot; — *Chronique de la Pucelle.*

Gruel prétend que le connétable vint à Gien. — La lettre du connétable de Richemont aux habitants de Lyon, datée de Jargeau (6 septembre), lève tous les doutes à cet égard. — Mlle de Villaret cite également dans les comptes de la ville d'Orléans la note suivante : « A Jehan de » Saint-Ay, sergent, pour un voïage fait à Jargueau, pour savoir des » nouvelles de Montargis, VIII s. p. » (*Arch. mun.*, CC. 653).

2. Était fils de Louis d'Orléans et de Mariette d'Enghien.

3. « Vignoles est aujourd'hui un hameau de la commune de Castera-Vignoles (Haute-Garonne : arrondissement de Saint-Gaudens, canton de Boulogne). » — Siméon Luce, *Chronique du Mont-Saint-Michel*, Paris, 1879, I, p. 30 note.

4. Beaucourt, *Histoire de Charles VII*, t. II, p. 126, note 2.

Tournemire, Bernard de Comminges, Henry Peumart, Guy le Bouteiller, les sires d'Orval, de Guitry, de Graville et de Villars, l'abbé de Cercanceaux[1], peut-être aussi le brave Poton de Saintrailles, enfin le connétable d'Écosse, Jean Stuart, et un autre capitaine écossais, Kennedy[2].

Mais si les capitaines accoururent nombreux, les bandes elles-mêmes, mal payées depuis longtemps, devaient présenter un effectif bien peu considérable. Le connétable jugeant ces troupes insuffisantes pour faire lever le siège, manquant des sommes nécessaires pour enrôler de nouveaux routiers, ne se proposa pour le moment que de ravitailler la ville[3]. Encore fallait-il donner une solde à la petite armée, « qui ne vouloit tirer en avant sans argent », acheter des vivres, organiser un convoi. Le roi envoya 1140 livres parisis[4]; les magistrats d'Orléans four-

---

1. L'abbaye de Cercanceaux était située un peu au nord de Montargis, sur le Loing, entre Dordives et Souppes. L'abbé de Cercanceaux, naguère étudiant à l'Université d'Orléans, se distinguera encore dans la défense de cette ville.

2. Noms empruntés aux divers chroniqueurs, ainsi qu'au XIIIe compte de Hémon Raguier (Bibliothèque nationale, ms. français 20684, fo 550). — Le plus populaire à Montargis de ces capitaines est Poton de Saintrailles, pour ce motif qu'il se serait fixé dans la ville, s'y serait marié et que sa famille aurait continué d'y habiter. Les détails relatifs à ces faits sont exposés dans le manuscrit de Hureau de l'Yvoi (1753), dans une notice qui précède ce manuscrit, mais de date plus récente, et dans les manuscrits de M. Boivin (1840-1847) (*Bibl. mun. de Montargis*). Or, Saintrailles, fait prisonnier à Cravant (1423), ayant combattu aux Pays-Bas pour le compte du duc de Bourgogne contre Jacqueline de Hainaut (1425), n'était probablement pas libre en 1427; il épousa, croit-on, Catherine Brachet, dame de Salignac, et n'en eut pas d'enfants; il est désigné par Gruel seulement, c'est-à-dire par un des moins sûrs des chroniqueurs; enfin les récits qui le concernent sont tellement invraisemblables qu'il est impossible de s'y arrêter.

3. Cousinot de Montreuil; — Monstrelet; — Gruel.

4. Bibl. nat., ms. fr. 20684, f° 550 (v. Appendice XV).

nirent 408 liv. dix sols parisis qu'ils empruntèrent au trésorier du duc d'Orléans[1]. Ces sommes étaient loin d'être suffisantes, et Richemont fut obligé « de » mettre en gaige une couronne d'or bien garnie de » pierreries, laquelle on prisoit dix mille escuz et la » bailler à ung homme de Bourges nommé Jehan » Besson »[2].

Le connétable eut d'abord l'intention de conduire lui-même le convoi, mais « tous les capitaines et » gens de grand faczon l'en destournèrent, et luy » dirent que ce n'estoit pas le faict d'un homme de » telle maison et connestable de France d'aller avi- » tailler une place, et que, quand il iroit, ce devroit » estre pour attendre la bataille »[3]. Il demeura donc à Jargeau avec le connétable d'Écosse. Le bâtard d'Orléans reçut le commandement de l'expédition, à laquelle se joignirent la plupart des autres gens de guerre, au nombre de 1600 environ[4].

De Jargeau, la petite troupe, guidée sans doute par les messagers qui étaient allés demander du secours à Charles VII[5], se dirigea vers Montargis, vraisemblablement par Châteauneuf, Lorris et Vimory. Arrivée au sud-ouest de la ville, sur la lisière de la plaine que domine le château et dans

---

1. *Arch. mun. d'Orléans*, CC. 653 (v. Appendice XIX).

2. Gruel.

3. Gruel. — Berry, Raoulet, G. Cousinot, la *Chronique de la Pucelle* affirment également que le connétable ne vint pas à Montargis.

4. Chiffre donné par Monstrelet. — D'après la *Chronique de la Pucelle*, la Hire était à l'avant-garde avec 60 lances (200 cavaliers environ) et 3 à 4000 gens de pied, Dunois suivait avec une « belle compagnée » : ces chiffres paraissent exagérés.

5. Monstrelet nomme un de ces messagers, le « petit Breton ».

laquelle campaient John de la Pole et Henry Bisset, elle s'arrêta. Les chefs avaient décidé à l'avance que l'on ferait une fausse attaque sur un point et, qu'à la faveur du combat, les charrettes de vivres seraient introduites dans la ville d'un autre côté[1]. Il fallait pour cela reconnaître d'abord les positions des assiégeants. La Hire, avec les sires de Graville, d'Arpajon, de Mercadieu et quelques cavaliers, fut chargé de pousser une pointe vers les retranchements anglais; Kennedy, l'abbé de Cercanceaux et une petite partie des gens de pied suivirent à quelque distance, afin de le soutenir s'il était nécessaire; le bâtard d'Orléans demeura auprès du convoi avec le gros de la troupe.

La Hire s'avança donc vers le camp qui se trouvait en face de lui, celui du sire de la Pole. Fait singulier et qui paraîtrait inadmissible s'il n'était affirmé par tous les chroniqueurs[2], lui et ses compagnons purent arriver jusqu'aux fossés sans que leur approche eût été signalée. Les assiégeants avaient bien quelques avant-postes; mais, comme il était midi, « ces escoutes » s'estoient retraïs audit siège[3] », sans avoir rien remarqué de suspect; les autres, fatigués par les travaux d'attaque et accablés par la chaleur, s'étaient retirés sous leurs abris, où, ayant enlevé leurs armes, ils dormaient ou prenaient tranquillement leur repas. L'occasion était trop belle pour que le hardi capi-

---

1. *Chronique de la Pucelle*; — Monstrelet.

2. Monstrelet; — *Chronique de la Pucelle;* — le Bourgeois de Paris; — Raoulet; — Saint-Remy; — Gruel.

3. Raoulet.

taine gascon ne la mît pas immédiatement à profit. C'est au moment où il allait s'élancer à la tête de ses cavaliers qu'eut lieu la petite scène racontée par la *Chronique de la Pucelle* et qu'on a si souvent retracée, parce qu'elle peint admirablement le mélange de piété et de rudesse qui caractérisait tous ces batailleurs : « La Hire trouva un chapelain auquel » il dist qu'il luy donnast hastivement l'absolution, » et le chapelain luy dit qu'il confessast ses péchez. » La Hire luy répondit qu'il n'auroit pas loisir, car » il falloit promptement frapper sur l'ennemy, et qu'il » avoit fait ce que gens de guerre ont accoustumé de » faire. Sur quoi le chapelain luy bailla absolution » telle quelle; et lors la Hire fit sa prière à Dieu en » disant en son gascon, les mains jointes : « Dieu, je » te prie que tu fasses aujourd'huy pour la Hire » autant que tu voudrois que la Hire fist pour toi si » il estoit Dieu et que tu fusses la Hire. » Et il » cuidoit très bien parler et dire. »

Il se précipite donc, la lance au poing et suivi de ses hommes d'armes, par une des issues non gardées, au cri de « Montjoye Saint-Denis »! En un instant, les cavaliers sont au milieu du camp ennemi et frappent tous ceux qu'ils rencontrent. Derrière eux, les Écossais de Kennedy et les autres gens de pied conduits par l'abbé de Cercanceaux s'élancent à leur tour, franchissent les fossés, escaladent les barrières, pénètrent dans les logis et y mettent le feu[1]. Le tumulte est d'abord très grand; mais les Anglais

1. *Chronique de la Pucelle.*

ne tardent pas à s'apercevoir que leurs adversaires sont en petit nombre; ils s'arment de toutes parts, les chefs les rallient et la mêlée devient moins confuse : « Il y a là de fort belles armes faites d'un costé » et d'autre, et sont les bannières et étendarts ruez » par terre et abattus[1] ». Graville même est blessé. Que les Anglais des autres camps aient le temps de porter secours à John de la Pole, et l'acte audacieux de La Hire aura été inutile[2]. Heureusement, le bâtard d'Orléans a vu le combat : il laisse quelques hommes à la garde des vivres et accourt avec le reste de la troupe[3]. D'un côté, il empêche Henri Bisset de se joindre à John de la Pole; de l'autre, il soutient La Hire. En même temps aussi, les défenseurs du château et ceux de la ville prennent part à l'action[4]. Ils opèrent une sortie, et usant d'un moyen dont ils se sont servis déjà pour isoler les corps anglais les uns des autres, ils ferment les écluses ou les barrages[5] établis au-dessous du confluent du Loing et du Puiseaux, barrages qui permettent d'inonder toute la prairie autour des murailles. Au bout de quelques heures, la victoire est assurée; « le logis du seigneur de la » Pole est tourné à desconfiture »[6]; les débris de sa troupe, poussés en désordre vers le Puiseaux, cher-

---

1. *Chronique de la Pucelle;* — Jean Raoulet.

2. Rappelons toutefois que si Bisset pouvait facilement secourir le sire de la Pole, il n'en était pas de même de Suffolk et de Warwick, qui avaient à traverser plusieurs cours d'eau.

3. Monstrelet; — *Chronique de la Pucelle.*

4. Monstrelet; — *Chronique de la Pucelle.*

5. Berry.

6. Monstrelet.

chent à se réfugier dans le camp de Suffolk. Mais les eaux du Puiseaux, du Vernisson, du Loing, déjà hautes sans doute par suite des pluies exceptionnelles de l'été de 1427[1], grossies encore par la fermeture des barrages, se rejoignent, « redondant » jusques à une lieuë plus haut et au-dessus de la » ville »[2]; le chef anglais est contraint de prendre place dans une petite barque avec sept hommes seulement[3]; ses gens, serrés de très près par les vainqueurs, ne retrouvent plus les ponts submergés; un grand nombre culbutent dans les rivières et se noient[4].

Pendant ce temps, comme nous l'avons dit, le bâtard d'Orléans, avec une portion des siens, s'était porté vers la bastille occupée par Henry Bisset et environ 400 Anglais. Il avait fait mettre pied à terre à ses hommes d'armes et essayait d'enlever le fortin; mais les ennemis, bien retranchés, faisaient une vive résistance, et le succès était fort incertain, lorsque La Hire, victorieux du sire de la Pole et suivi maintenant des Montargois, vint prêter main-forte[5]. Un assaut furieux est livré; Sauton de Mercadieu « eut » d'une lance par la bouche, qui passa outre de » demy-pied; il se deffera hardiment et la tira, et ne » cessa pourtant de toujours combattre[6] »; enfin les

1. *Journal d'un bourgeois de Paris.*
2. Berry.
3. Monstrelet.
4. Monstrelet; — Berry; — Gruel.
5. Monstrelet; — Raoulet; — *Chronique de la Pucelle.* — Lefèvre de Saint-Remi parle également d'un double combat, mais sans préciser. — Gruel, au contraire, ne mentionne que le combat livré à Henry Bisset.
6. *Chronique de la Pucelle.*

Français se rendent maîtres de la bastille; Bisset est pris; un grand nombre des siens sont tués ou faits prisonniers; quelques-uns s'enfuient vers le pont qui conduit au camp de Warwick et qui, situé au-dessous des barrages, n'est pas recouvert par l'eau; ils s'y entassent « en si grand haste et à si grand presse » que du grand fais le pont rompt soubs eux, et là » sont mors et desconfis laidement et en très grand » nombre[1] ».

Dans les deux combats et dans la fuite au travers des ruisseaux débordés, les Anglais avaient eu plus d'un millier[2] d'hommes tués, noyés ou pris, et, ce qui était plus important, il ne restait plus d'ennemis sur la rive gauche du Loing : le convoi de vivres pouvait entrer sans encombre dans la ville.

Warwick et Suffolk, retenus par la crue du Loing, avaient assisté impuissants à la défaite des leurs[3]. Craignant d'être attaqués à leur tour, ils avaient concentré le reste de leurs forces derrière leurs camps, sur une petite éminence, au milieu des vignes[4]. Mais les vainqueurs ne pouvaient les atteindre qu'en traversant la ville, de la porte de Paris

1. Monstrelet; — Raoulet et Cousinot de Montreuil racontent le même fait.

2. Chiffre donné par Monstrelet et par Raoulet. — Lefèvre de Saint-Remy évalue les pertes des Anglais à 7000 hommes; le Bourgeois de Paris à 600 seulement.

3. Monstrelet; — Gruel; — *Chronique de la Pucelle.*

4. Monstrelet. — M. Vallet de Viriville, recherchant le point où s'étaient retirés les Anglais de la rive droite, pense que ce point se trouvait près de Châlette; mais entre Montargis et Châlette, il n'y a ni coteaux, ni vignes. L'éminence dont parle Monstrelet, très visible, isolée et encore couronnée de vignes avant l'invasion du phylloxéra, se trouve à l'extrémité du faubourg de la Chaussée, entre ce faubourg et la forêt.

à celle du Loing, et en suivant les ponts du faubourg de la Chaussée. Sans compter qu'une attaque dans ces conditions et contre des troupes qui n'avaient pas encore combattu aurait été fort imprudente, la nuit, qui était venue, s'opposait à une nouvelle bataille, et « iceux François ne peurent porter dommage ce jour » ausdits comtes et aux autres Anglois »[1].

Toutefois le siège n'avait plus d'objet, et, pendant que les libérateurs de Montargis entraient dans la ville au milieu de l'enthousiasme et des acclamations des habitants, Warwick et Suffolk s'éloignaient dans la direction de Paris pour gagner Château-Landon et Nemours[2]. Ils abandonnaient leurs camps où se trouvaient des canons, d'autres armes, des bagages et des vivres[3]. Il est probable que ce fut dans l'un de ces camps, et non au milieu du combat, puisque Warwick n'avait pas combattu, que fut capturée la bannière du chef anglais[4], bannière qui fut pieusement conservée à l'église, puis à l'hôtel de ville jusqu'en 1792.

---

1. Berry ;— Cousinot de Montreuil.— Monstrelet et Gruel disent également que Suffolk ne fut pas attaqué. — Raoulet prétend au contraire que les Français « passèrent à nô la rivière tant à cheval que pié pour aller à » la grande bataille des Anglois ».

2. G. Cousinot ;— Monstrelet ;— Berry ;— Gruel ;— Martial d'Auvergne.

3. *Chronique de la Pucelle* ; — Jean Chartier ; — Cousinot ; — Raoulet.

4. L'authenticité de la bannière ne saurait être mise en doute. Dom Morin, *Histoire du Gastinois*, p. 61, et Hureau de l'Yvoi, *Mémoire concernant la ville de Montargis*, p. 8, en donnent l'un et l'autre une description faite de visu : « Elle était toute d'or et d'argent, écartelée au premier » quartier en échiquier d'azur et or, et au deuxième à la croisette par- » semée d'or en champ de gueules, chargée sur le tout d'un chérubin, » brisée d'argent, semée d'hermine ». D'autre part, M. Dupuis, beaucoup plus versé que nous dans l'art héraldique, a démontré (*Mémoire sur le siège de Montargis*, p. 14) que c'étaient bien là les armes de Richard de Beauchamp comte de Warwick.

Nous sommes contraint ici d'ouvrir une parenthèse pour discuter deux versions populaires très accréditées à Montargis et dans les environs.

I. — La première a trait à la crue du Loing, du Puiseaux et du Vernisson provoquée artificiellement par les habitants pendant le combat final, et consiste dans une déformation dramatique des événements.

Elle ne paraît d'abord avoir été consignée nulle part antérieurement à la publication de l'œuvre de Dom Morin (1630), qui la relate comme il suit : « Les habitans s'advisèrent d'un » stratagème, sans mettre leurs gens d'armes au hazard qui fut » tel : ils fermèrent toutes les écluses de la rivière de Loin, » allèrent rompre en une nuict les bondes des étangs qui sont » depuis Saint-Fargeau jusqu'à Montargis ; le premier fut » celui de Bourdom de Cuivre, au-deçà de Champignier, au- » dessus dudit Saint-Fargeau, lequel estant rompu déborda » dans les aultres et les emporta et gréva ; tellement qu'il se » répandit un tel ravage d'eauë dans le coulant de la rivière de » Loin et par les prairies et la campagne où estoient les An- » glais et leur camp, que, l'eauë estant de la hauteur de plus de » deux piques, il furent tous noyez, les ponts rompus, en » sorte que leur armée ne put les secourir. Ainsi peu des An- » glois se sauvèrent, et est fait mention dans l'histoire de » France qu'il y en eut 3000 de noyez. Les comtes toutefois » de Warwich et de Betfort, qui avoient leur département » plus proches de la forest, eurent le loisir de se sauver avec » quelque petite troupe, fort estonnez comment le déluge » d'eauë estoit arrivé tout à coup, et encore plus de ce qu'ils » ne pouvoient y apporter remède ; car les ponts, par l'indus- » trie des habitants, qui se mirent entre deux eauës et cièrent » les pieux, furent soudain enlevez par l'eauë, tellement que » ceux qui estoient dans la prairie furent les premiers noyez.... » laquelle deffaite fut en moins de huict heures[1]. »

---

1. *Histoire du Gastinois, Sénonois et Hurepois*, pp. 59-60.

La plupart des historiens locaux[1] ont ensuite brodé sur ce thème ; d'après eux, une passerelle franchissant un des bras du Loing à l'extrémité du boulevard du Pâtis devait son nom de « passerelle Chamillart » à un plongeur qui scia en 1427 le pont situé en cet endroit; près du Puiseaux, une croix, appelée « Croix Simon », rappelait le souvenir d'un autre Montargois qui avait miné un pont sur cette rivière; un bas-relief sculpté sur la cheminée de l'ancien hôtel de ville de Montargis et représentant des soldats au milieu des flots[2], une ode placée en tête de l'édition de 1663 des *Privilèges de la Ville*[3], étaient également des indices en faveur de la tradition populaire.

Disons d'abord que cette tradition offre une variante : à Châtillon-Coligny, on affirme que l'inondation est partie du Loing lui-même et non de l'Ouanne, et que le premier étang dont les bondes furent rompues est celui de la Grand-Rue, un peu en amont de Rogny ; on ajoute que les eaux, en passant à Châtillon, détruisirent le faubourg du Puyrault.

En second lieu, les invraisemblances seules de ces récits, — le fait d'aller rompre en une seule nuit les digues d'étangs situés à 40 ou 50 kilomètres, la production d'une crue à Montargis au bout de quelques heures, sa coïncidence avec l'arrivée d'une armée de secours, sa hauteur de deux piques, la destruction des ponts par des nageurs, la position supposée des camps anglais, — les rendent tout à fait inacceptables.

Enfin, aucun des témoignages invoqués n'a la valeur d'un document, et « la règle pour l'historien doit être de rejeter toute affirmation d'origine légendaire[4] ».

II. — La seconde version populaire attribue la capture de la bannière de Warwick à un Montargois nommé Gaillardin, qui a fini par devenir le personnage le plus en vue, le héros de

1. A l'exception de M. Dupuis et de Mlle de Villaret.

2. Manuscrit de Hureau de l'Yvoi.

3. Manuscrits Boivin.

4. Langlois et Seignobos, *Introduction aux études historiques*, Paris, 1896, p. 154.

la délivrance ; elle paraît, comme beaucoup d'autres légendes semblables, avoir été créée de toutes pièces.

La première indication se trouve encore dans l'ouvrage de Dom Morin : « De cette soudaine deffaite, les habitans de Mon- » targis emportèrent un fort riche butin ; les eauës s'estant » écoulées, ils prirent la cornette sur le duc de Betfort, lors » vice-roi en France pour le roi d'Angleterre, où estoient les » armes du général de l'armée, le comte de Warwich.... Celui » qui emporta ladite cornette sur les Anglois se nommoit » Gaillardin, lequel s'en déporta volontairement sur la récom- » pense que lui firent les habitans. »

Plus tard, malgré la version de Dom Morin, à savoir que l'étendard fut simplement trouvé après la lutte, après même la retraite des eaux, — « les eauës s'estant écoulées, ils prirent... etc. », — on a affirmé que Gaillardin avait enlevé cet étendard dans la mêlée, et une croix érigée sur la route d'Orléans porte l'inscription suivante :

A LA MÉMOIRE DE
GAILLARDIN,
CITOYEN DE MONTARGIS,
QUI, DANS LE COMBAT
LIVRÉ AUX ANGLAIS
SOUS LES MURS DE CETTE VILLE,
S'EMPARA DE L'ÉTENDARD
DE WARWICK.
5 SEPTEMBRE 1427.

On a prétendu ensuite que dans la fête commémorative du siège, Gaillardin avait seul le droit de porter la bannière et qu'il vendit ce droit à la ville[1].

On rencontre même cette opinion que Gaillardin dirigea aussi la petite expédition chargée d'ouvrir les bondes des étangs de Champignelles ou de Rogny.

---

1. Manuscrits Boivin.

M. Jacob, directeur de l'École Durzy, enfin, dans une conférence qu'il a intitulée : « Gaillardin et la légende du siège de Montargis[1] », — conférence assurément très belle et très savante, — s'est efforcé de démontrer l'existence de Gaillardin et la réalité du rôle qu'on lui attribue. Il appuie cette démonstration : 1° sur l'ancienneté de la tradition ; 2° sur l'inscription de la Croix-Gaillardin ; 3° sur la trace, fournie par les archives municipales et d'autres documents, de gens du nom de Gaillardin à Montargis dès l'année 1523.

Pour nous, sans contester absolument l'existence de Gaillardin, nous devons dire :

1° Que tous les chroniqueurs du xve siècle et tous les documents que nous avons pu consulter sont muets sur le héros montargois ; qu'aucun historien antérieur à Dom Morin n'en fait mention ; que Dom Morin lui-même écrivait *deux siècles* après l'événement ; qu'il n'apporte aucune preuve de son assertion ; qu'il suffit de réfléchir aux conditions dans lesquelles fut imprimé son ouvrage, aux nombreuses erreurs qu'on y relève ; qu'il suffit même de considérer le passage que nous avons cité, pour apprécier le degré de confiance qu'on peut accorder à cet auteur ;

2° Qu'il est impossible de retrouver la date d'érection de la croix du faubourg d'Orléans, ainsi que le texte de son inscription primitive ; qu'elle est seulement placée tout à l'opposé de l'abbaye de Saint-Dominique, où Warwick s'était établi ;

3° Que l'existence, — existence incontestable, — d'une famille Gaillardin à Montargis, ne prouve nullement qu'un Gaillardin se soit distingué au siège de 1427 ;

4° Que l'érudit le plus compétent en tout ce qui touche à notre histoire locale, M. H. Stein, l'éminent secrétaire de la Société historique et archéologique du Gâtinais, rendant compte des conférences faites en 1897 par M. Jacob et par nous-même, concluait en ces termes : « On ne peut, malgré les » excellents textes apportés par M. Jacob, donner absolument

1. Supplément au journal *l'Indépendant de Montargis*, n° du 22 mai 1897.

» raison à Dom Morin...; attendons qu'un texte précis vienne » confirmer les dires de cet auteur, et défions-nous d'imiter » ceux qui ont élevé une statue à Jeanne Hachette[1]. »

Ainsi donc, à notre point de vue, où « tout ce qui n'est pas » prouvé doit rester provisoirement douteux[2] », où « rien ne » saurait suppléer aux documents[2] », tout ce qui se rattache à Gaillardin devait être écarté, sinon définitivement, du moins jusqu'à ce qu'un document irréfutable ait été découvert.

Et nous ajouterons que, du reste, c'est le fait même de la résistance de Montargis qui présente un intérêt considérable, intérêt que les exploits réels ou supposés de Gaillardin ne sauraient en rien augmenter.

La délivrance de Montargis eut lieu le vendredi 5 septembre 1427[3]. Et le Bourgeois de Paris, en indiquant cette date, ajoute avec sa malice habituelle : « Il convint aux Anglois laisser le siège au » droit temps que on cüeille les biens. »

Ce succès, remporté sans doute sur des ennemis assez peu nombreux, mais très brillant, très complet, contrastant avec une longue suite de revers, eut un

---

1. *Annales de la Société historique et archéologique du Gâtinais*, t. XV, p. 272.

2. Langlois de Seignobos, *Introduction aux études historiques*.

3. *Journal d'un bourgeois de Paris*.— Lettre du connétable de Richemont aux habitants de Lyon citée plus haut. — Une leçon que l'on récitait aux matines de la fête commémorative du siège est complètement d'accord avec les précédents : « Apud Montem Argum, hac die, post meridiem quæ » fuit *die veneris, quinta hujus mensis septembris, anni Domini millesimi* » *quadragentesimi vigesimi septimi*, disponente Providentia suprema, » invictissimique Francorum regis Caroli VII[i] Domini nostri succursu ac » hujus urbis incolarum diligentia, devicti fuere ac ignominiose trucidati » Angli in magno numero, hanc ditam urbem Montis Argis cingentes ob- » sidione, quorum caput et capitanus erat comes Warwich, vexillum ejus » nobis adest testis » (Dom Morin).

retentissement énorme. Il nous est évidemment difficile de saisir aujourd'hui toutes les manifestations de joie qui l'accueillirent; toutefois, l'unanimité des chroniqueurs, la richesse des détails qu'ils nous ont transmis, la rapidité avec laquelle l'annonce de la levée du siège se répandit à Paris, à Lyon, en Normandie, en Bretagne[1], les récompenses accordées aux vainqueurs[2], la satisfaction témoignée par le connétable et par le roi, nous sont des traces suffisantes des sentiments des contemporains.

Pour Richemont, dès qu'il apprit à Jargeau la retraite des Anglais, il fut peut-être, ainsi que le connétable d'Écosse, « moult courroucé pour ce qu'il » n'y avoit point esté »[3], mais en même temps bien heureux d'un résultat qu'il n'avait pas osé espérer. Il écrivit sans retard (6 septembre) aux gens de Lyon pour leur faire part de la victoire que ses capitaines avaient remportée, racontant, dans l'ignorance où il se trouvait encore des détails exacts, qu'une foule d'Anglais avaient été pris ou tués, notamment les principaux chefs, les comtes de Warwick et de Suffolk[4].

Le roi, de son côté, voulut récompenser les Montargois par l'octroi de privilèges nombreux et excep-

---

1. *Journal du bourgeois de Paris; — Lettre de Richemont aux Lyonnais; — Chronique de Normandie; — Chronique du Mont Saint-Michel.*

2. Le bâtard d'Orléans reçut du roi 2000 livres; La Hire eut 1000 moutons d'or; à Orléans on accorda une large gratification au messager porteur de la nouvelle, on organisa des processions pour fêter le succès remporté à Montargis (Bibl. nat., ms. fr. 20382, fos 18 et 19; — ms. fr. 20379, fos 133 et 134; — *Arch. mun. d'Orléans*, CC. 553; — Dupuis; — Cosneau; Vallet de Viriville).

3. Berry.

4. Lettre déjà plusieurs fois citée (*Arch. mun. de Lyon*, AA. 1).

tionnels. Cette concession fait l'objet de cinq chartes qui toutes, et à peu près dans les mêmes termes, rendent hommage au patriotisme et à la bravoure des Montargois : « La résistance a esté, moyennant le » fruict qui s'en est ensuivy, le commencement en » cas pareil de notre premier bien et bonheur à l'en- » contre de nos ennemis; le commencement de la » recouvrance depuis par nous faite de plusieurs de » nos pays que occupoient lesdits ennemis »[1]. Ces chartes, datées de Jargeau, de Montargis même et de Saumur (1430 et 1431), affranchissaient à perpétuité les habitants de la ville et des faubourgs des aides, des tailles, des péages et autres impositions, sauf de la gabelle; — leur permettaient de passer par tout le royaume sans être soumis à aucune taxe, — leur concédaient l'usage du bois dans la forêt de Paucourt; — établissaient deux nouvelles foires franches; — donnaient à la cité le nom de Montargis-le-Franc; — la rattachaient définitivement au domaine royal, — et lui conféraient le titre et les prérogatives de « ville d'arrêt[2] »[3].

---

1. 1re, 2e, 3e et 5e de ces chartes.

2. Il s'agissait là d'un privilège dont on parle assez rarement et que Charles VII conféra également à Orléans, en février 1429 (Isambert, *Anciennes lois françaises*, VIII, p. 760), et à Melun, en février 1432 (*Ordonnances des rois de France*). Les lettres patentes elles-mêmes le définissent « un » droit pour tout habitant de faire arrêter les chevaux, voitures et autres » biens meubles de leurs débiteurs trouvés dans la ville et dans les fau- » bourgs pour cause de sommes dues, et cela pour contraindre lesdits » débiteurs à payer lesdites dettes ».

3. Le texte authentique des quatre premières chartes se trouve aux archives de Montargis; pour la cinquième, ces archives ne possèdent qu'une copie de 1526. Elles ont été en outre plusieurs fois éditées en 1608, 1662, 1771 (v. App. XXII).

Pour perpétuer le souvenir de la délivrance, on édifia[1] sur l'emplacement du camp de Warwick, près du couvent de Saint-Dominique, un petit monument appelé la Croix-aux-Anglais[2], et on institua une fête qui se célébrait le 5 septembre de chaque année, dans laquelle une procession solennelle, analogue à celle du 8 mai à Orléans, réunissant les magistrats, le clergé, les communautés, les citoyens armés, se rendait au monument[3]. Malheureusement tous ces souvenirs d'une lutte héroïque, l'étendard de Warwick, la Croix-aux-Anglais, la fête annuelle, ont disparu en 1792, à la suite d'un vote du corps municipal[4].

Mais ces faits n'appartiennent plus à notre sujet. Notre unique but était de remettre en lumière l'importance historique du siège de Montargis; notre seul vœu serait de lui voir reprendre une place plus grande dans nos ouvrages d'histoire nationale. Il y a droit, parce qu'il offre, au milieu des tristesses et des défaillances de la guerre de Cent ans, tous les caractères de ces résistances locales acharnées que l'on groupe d'ordinaire pour montrer comment se réveilla le patriotisme au commencement du xve siè-

---

1. *Archives municipales de Montargis*, BB. 10.

2. Ce monument fut plusieurs fois relevé. En 1792, il portait l'inscription suivante :

« Siste viator iter. Si nescis, nosce quod Anglos
» Mons Argis vicit. Crux monumenta facit ».

3. Dom Morin; — Hureau de l'Yvoi; — Dupuis.

4. Les délibérations relatives à cette destruction ont été éditées par MM. Girardot et Ballot (Montargis, 1853). Cf. *Archives municipales de Montargis*, D. 1, n° 1.

cle. Il y a droit, parce qu'il fut, comme le répétait Charles VII, le premier des succès de son règne, en quelque sorte l'aurore de la « recouvrance » du royaume. Il y a droit enfin, comme ayant eu des conséquences identiques à la défense d'Orléans, — qui l'a pourtant éclipsé, — comme ayant été peut-être la préface de la tentative des Anglais contre cette dernière ville.

APPENDICE

I

(Extrait de la *Chronique* d'Enguerrand de Monstrelet.)

Comment le duc de Bethfort fit asségier Montargis et comment le siège fut levé par les François. Et autres matières en brief.

Item, en cest an (1427), le duc de Bethfort, qui se nommoit régent de France de par le roy Henry, fist asségier la ville et forteresse de Montargis par les contes de Warewich et de Suffort, avec lesquelz estoit le seigneur de la Poulle, frère dudit conte de Suffort, messir Henry Bisset et autres capitaines qui povoient avoir avec eux trois mille combatants. Lesquelz venus audit lieu de Montargis la avironnèrent. Laquelle ville siet en assez fort lieu, si qu'il leur convenoit faire trois sièges, lesquelz assez dangereusement povoient baillier souscours l'un à l'autre. Et nient mains ils se logièrent tout entour et fortifièrent leur dit logis en aucuns lieux. Et estoit le conte de Warwich logié en une abbaye de nonnains à ung des costés de la ville. Et brief après leur venue, firent aucuns pons et passages sur la rivière pour yceulx souscourir les uns aux autres, se besoing leur estoient. Et ce fait, commencèrent vigeureusement à approucher ycelle ville de Montargis et la forteresce, et très fort combatre et adommager de plusieurs engiens ; mais non obstant ce, les asségiés se deffendirent très puissamment, et continuèrent les asségans en ceste besongne l'espace de deux mois ou environ. Lequel temps durant, les nouvelles furent portées au roy Charles de France, et lui firent sçavoir lesdiz asségiés que, s'il ne leur envoioit souscours assez brief, les convendroit rendre entre les mains de leurs adversaires.

Et ces nouvelles venues à la congnoissance du Roy, comme dit est, ledit roy assembla son conseil ouquel fut conclud et délibéré de y envoyer souscours ou au mains eux rafreschir de vivres et de gens. Et fut faicte pour ceste cause aucune assamblée qui point ne porta point d'effect et se desrompy; mais depuis fut ordonné de par le Roy de faire une autre assamblée à Orléans pour ceste meime cause, de laquelle fut baillié la charge de par le Roy au conte de Dunois, bastard d'Orléans, avecques lequel se mirent messire de Labret, seigneur d'Orval, le seigneur de Graville, de Villas et de Gaucourt, Étienne de Vignolles qu'on dist la Hire, messire Gille de Saint Simon, Gauthier de Broussart et plusieurs autres capitaines qui povoient bien avoir seize cens combatans, droites gens de guerre et d'eslïte. Lesquelz se mirent en chemin à tout foison de vivres, en intencion de ravitailler ycelle ville de Montargis et non de lever le siège. Et quant ilz furent venus à une demie lieuë près, le plus secrètement qu'ilz porent, ilz prinrent conseil ensemble et conclurent de férir sur aucuns des logis des Anglois par deux costés. Et avoient avec eulx gens de la garnison dudit lieu de Montargis qui les menoient, entre lesquelz estoit ung nommé le petit Breton. Si fut La Hire ordonné à conduire l'une des compaignies, et comme ilz avoient conclud le firent. Si férirent vaillamment et de grand volenté sur le logis des Anglois, qui de ce ne se donnoient garde, criant « Monjoie et Saint-Denis! » et commencèrent à bouter les feux asprement en maint logis et à tuer, prendre et mettre à meschief aucuns Anglois. Et tellement et si vaillamment se y portèrent que le logis du seigneur de la Poulle fut en briève espace du tout tourné à desconfiture. Mais ledit seigneur de la Poulle se sauva en ung petit batel, environ lui huitiesme. Et adonc avoient ceulx de la ville tenues les yaues si grandes et grosses que les pons que lesdiz Anglois avoient fais estoient couvers d'yaue, par quoy, quant ilz se cuidoient sauver, ils chéoient de costé des pons et se noyoient.

Et en tant que ce se faisoit, le bastard d'Orléans se combatoit vigueureusement de l'autre costé sur les logis de messire Henry Bisset. Et là estoit descendu à pied, et y avoit fort à faire, quant les autres, qui avoient rué jus et desconfi le premier logis lui alèrent puissamment baillier souscours. Et avoit esté blécié le seigneur de Graville. Et lors lesdiz Anglois, percevans que la force n'estoit point à eux, se commencèrent à retraire pour aller au logis du conte de Warwich; et passoient par ung pont en si grand haste et à si grand presse que du grand fais le pont rompy soubz eux; et là furent mors et desconfis laidement et en très grand nombre; car, avecques ce, ceulx de la ville de Montargis saillirent fièrement hors en l'ayde de leurs gens, et sans espargnier, en occirent et prinrent plusieurs.

Et entretant le conte de Warwich assembla ses gens le plus hastivement qu'il peut; mais quant il sceut la grand perte et dommagable destruction de son ost, dont il avoit desjà bien perdu de mil à quinze cens hommes, qui furent que mors que pris, si se mist en bataille, en soy retournant sur une petite montaigne ès vignes, au dehors de son ost. Et lors les François, qui furent fort travaillés de ceste besongne, entrèrent dedens Montargis. Et entretant la nuit vint. Si se despartirent et se mirent à chemin lesdiz Anglois à tout le remanant de leurs gens, qui pour la plus grand partie estoient de pied, eulx retraiant au Chasteau Landon, en Nemours et es autres lieux de leur obéyssance, et lesdiz François demourèrent à Montargis, faisant bonne et joyeuse chère de ce que ainsy, par l'ayde de Dieu, avoient achevé ce pour quoy ilz estoient là venus. Et après s'en retournèrent devers le roy Charles de France, qui les receupt très amiablement.

Édit. Douët d'Arcq (1857-1862), t. IV, pp. 274-275.

II

(Extrait de la *Chronique* de Le Fèvre de Saint-Remy.)

Comment Anglois furent desconfitz au siège de Montargis.

Le régent de France fist par les Anglois asséger la ville et forteresse de Montargiez, séans sur la rivière de Long, et furent à ce siège pluiseurs grans seigneurs. Sy se mist sus le conte de Richemont connestable de Franche; il chevaucha toute une nuyt bien xx lieues, avec luy messire Charles de Bourbon, le bastard d'Alençon et pluiseurs aultres. Et vindrent soudainement envayr le moindre siège et le desconfirent incontinent, et puis l'autre siège; et furent occis desdits deulx sièges plus de vij mil hommes. Le conte de Werwic, et de Suffocq, et pluiseurs aultres se sauvèrent.

Édit. Morand (Paris, 1876-1881), II, pp. 130-131.

III

(Extrait de *La Geste des nobles* de Guillaume Cousinot.)

Bataille à Montargis.

En cellui an mistrent siège devant Montargis les contes de Warwic et de Sufforc, et, pour François secourir et avitailler, vindrent à Jargueau le conte de Richemont et autres grans seigneurs qui conseil tindrent, et finablement fut chargié de soy là traire le bastard d'Orléans, conte de Porcian et de Mortaing, et à Jargueau demoura ledit conte de Richemont. Si se parti à tout grant gent le bastard d'Orléans, qui sur le siège féri et Anglois mit en dezconfiture. Dont y ot grant occision et plusieurs en y ot prins. Furent arses toutes leurs tantes et leur charroi, et du siège s'en partirent hastivement les contes de Warwic et de Suffort.

Édit. Vallet de Viriville (Paris, 1859), p. 201.

IV

(Extrait de la *Chronique de la Pucelle*, de Cousinot de Montreuil.)

Bataille à Montargis.

L'an mil quatre cent vingt sept, les comtes de Warwich et de Suffolc, Anglois, délibérèrent de mettre le siège à Montargis, et mandèrent à cet effet gens de toutes parts en grant nombre, tant Anglois que de leurs alliez, et si firent provision d'artillerie, puis vinrent mettre le siège tant devant la ville que devant le chasteau. Il y avoit dedans un gentilhomme gascon nommé Bouzon de Failles, et de vaillans gens en sa compaignée. A l'arrivée des Anglois, aucuns compaignons saillirent, et il y eut par diverses fois de gaillardes escarmouches. Les Anglois fermèrent tellement leur siège, qu'on n'y eust pu, sinon à grande difficulté, entrer ni yssir, et firent par dehors fossés ou hayes, réservant seulement aucunes entrées par lesquelles on entreroit en l'ost : avec icelluy Bouzon et ses gens estoient les habitans de la ville, qui avoient tous bonne volonté d'eulx deffendre. Les Anglois faisoient fort tirer leurs bombardes et canons, tellement que la ville fut fort batue en divers lieux, et nonobstant ceux du dedans se deffendoient vaillamment et grevoient beaucoup les Anglois, spécialement de coups de traict, tant de grosses arbalestes que de canons.

Un certain jour, y eust une sortie, en laquelle fut pris un de ceux de la garnison, lequel avoit autrefois esté du party du duc de Bourgongne; et, pour se deslivrer, il dit aux Anglois que s'ils le vouloient laisser aller, qu'il luy sembloit bien qu'il trouveroit moyen de leur bailler le chasteau par un lieu dont il avoit la garde quand il y estoit; et entre autres le dit à messire Simon Morhier, un chevalier françois, et leur montra par dehors la manière et le lieu; et les Anglois advisèrent sur ce que la chose estoit bien faisable, et fut prins le jour et l'heure, puis ils le laissèrent aller. Il entra dedans la place, et aussi tost qu'il y fut, il dit audit Bouzon tout ce qu'il avoit dit et fait; lequel en fut bien joyeux, car il lui sembloit bien que par ce moyen il en pourroit prendre et accabler.

Les Anglois et Bourguignons vinrent au jour assigné et à l'heure entreprise, et furent diligens de dresser leurs eschelles, puis entrèrent dedans; mais aussi tost qu'ils estoient entrez, on les prenoit et désarmoit on, et, entre les autres, le susdit messire Simon y entra lui mesme et fut prins; il ne retournoit personne à la fenestre par où ils entroient, de sorte que les Anglois aperceurent bien qu'il y avoit tromperie; néantmoins il y en eut quinze ou seize de pris.

Ceux du dedans tinrent longuement et se deffendoient fort; mais vivres leur failloient et il n'estoit pas possible qu'ils peussent plus guères longuement tenir. Laquelle chose estant venue à la connoissance du comte de Richemond, connestable de France, et du comte de Dunois, ils assemblèrent vivres le plus qu'ils peurent et aussi des gens de guerre; entre les autres estoient en leur compaignée les seigneurs de Graville, de Gaucourt, Estienne de Vignoles dit la Hire et autres, pour adviser comment on pourroit mettre des vivres dedans la ville et au chasteau. Et fut advisé que si on livroit ou faisoit une escarmouche en un certain lieu, qu'on y pourroit bouter vivres par un autre costé.

Le connestable se tint à Jargeau à toutes ses gens, et le comte de Dunois alla vers Montargis, avec lequel estoit Estienne de Vignoles dit la Hire, lequel, accompaigné de 60 lances, fut chargé d'aller courir devant le siège pour sçavoir leur maintien : auquel ledit de Dunois promit de le suivre, et aussi le fit il. Les Anglois, comme dessus a esté touché, avoient fermé et clos leurs logis de paulx et de fossez, au long desquelles estoient les logettes de ceux qui tenoient le siège, couvertes de chaume, de feure et d'herbes seiches. Or avec la Hire estoit aussi un capitaine d'Escosse nommé Quennede et l'abbé de Serquenciaux, qui avoient bien de trois à quatre mille hommes de pied. Quand la Hire approcha du siège et eut apperceu que c'estoit chose très difficile d'y entrer, il advisa un passage par où il luy sembla qu'on passeroit bien. Alors lui et ses compaignons prirent leurs salades et leurs lances au poing, et y estoit le seigneur de Graville, Brangonnet d'Arpajon, Saulton de Mercadieu et autres.

La Hire trouva un chapelain auquel il dist qu'il luy donnast hastivement absolution, et le chapelain luy dit qu'il confessast ses pechez : La Hire luy répondit qu'il n'auroit pas loisir, car il falloit promptement frapper sur l'ennemy, et qu'il avoit fait ce que gens de guerre ont accoustumé de faire. Sur quoy le chapelain luy bailla absolution telle quelle, et lors la Hire fit sa prière à Dieu en disant en son gascon les mains jointes : « Dieu, je te prie que tu fasses aujourd'huy pour la Hire autant que tu voudrois que la Hire fist pour toi s'il estoit Dieu et que tu fusses la Hire ». Advisant donc une des entrées du siège, luy et ses compaignons y entrèrent comme environ midy, les lances au poing, pendant que ceux du siège disnoient.

On cria à l'arme et Anglois se misrent incontinent sus armez et équipez, et les François et Escossois qui estoient avec les susdits abbé et Quennede se boutèrent au long des fossés que les Anglois avoient faits autour de leur siège et entrèrent ès logis, boutans les feux dedans, et combattirent contre ceux qu'ils trouvoient et rencontroient; puis ils se joignirent aux gens de cheval : les bannières et estendarts des Anglois furent levez et s'assemblèrent et rallièrent par diverses fois.

Les seigneurs cuidoient au commencement que ce ne fussent que coureurs et compaignons qui vinssent escarmoucher, et il y eut de fort belles armes faites d'un costé et d'autre, et furent les bannières et étendarts ruez par terre et abattus. Les comtes de Warwich et de Suffolc commencèrent à retirer avec une partie de leurs gens en passant la rivière, et les François les suivirent, tellement que les Anglois furent desconfits et il y eut plusieurs de tuez et de prins.

Ledit comte de Dunois arriva aussi de bonne heure avec belle compaignée, et les François ne trouvèrent depuis résistance, sinon d'un chevalier anglois nommé Henry Bisset, qui estoit encores en son parc et avoit environ deux cens Anglois : il se deffendit vaillamment, mais à la fin, il fut prins et ses gens mis à mort. Aucuns saillirent de la ville qui firent grande occision sur les Anglois. Ceux qui tenoient le siège de l'autre costé de la rivière se misrent comme en bataille, et les François aussi d'autre costé, lesquels n'entrèrent oncques ès ville et chastel de Montargis jusqu'à ce qu'il fust nuict fermée et que les Anglois fussent départis et en allez.

Et ainsi fut le siège levé qui fut, comme on disoit, une bien vaillante entreprise mise à effet par ledit Estienne de Vignoles dit la Hire. Et y furent gagnés plusieurs bombardes et canons, biens meubles et vivres, an pour quoy les pauvres gens firent la nuict grande joye et chère dans la ville. Le seigneur de Graville et ledit d'Arpajon s'y portèrent vaillamment, et aussi fist

Saulton de Mercadieu, lequel eut d'une lance par la bouche et passa outre de demy pied; il se defferra hardiment luymesme et la tira, et ne cessa point pourtant de toujours combatre.

Édit. Vallet de Viriville (Paris, 1859), pp. 243-247.

V

(Extrait du *Journal* d'un bourgeois de Paris.)

Item, en ce temps (1427), environ quinze jours en juillet, fist mettre le régent le siège devant Montargis.

. . . .

Item, le vendredy cinquiesme jour de septembre, l'an mil quatre cent vingt sept, fut levé le siège par les gens de cellui qui se dit dalphin, qui estoit devant Montargis, et furent les Angloys moult grevez; car trop se fioient en leur force, et furent trouvez désarmez de leurs ennemys, qui bien leur en tuèrent six cent ou plus, que marchans de vivre que hommes d'armes; et leur convint laisser le siège au droit temps que on cüeult les biens.

Édit. Tuetey (1881), p. 221.

VI

(Extrait de la *Chronique* du hérault Berry.)

L'an mil quatre cent vingt sept, le comte de Suffolc et le sire de la Pole son frère vinrent mettre le siège devant les ville et chasteau de Montargis, et peu après y vint le comte de Warwic, et y tinrent le siège par l'espace de trois ou quatre mois.

. . . .

Cependant le sire d'Orval, frère de Monseigneur de Lebret, le Bastard d'Orléans, le sire de Gaucourt, le sire de Guictry et un capitaine nommé la Hire, accompagnez de grande compagnée de François et d'Escossois, vinrent sur le siège des Anglois qui estoient devant Montargis du costé devers le chasteau et frappèrent si rudement sur les Anglois qui là tenoient le siège qu'ils les desconfirent. Et tenoient le siège du costé de Chastillon sur Loing les comtes de Warwic et de Suffolc, qui furent esbahis quand ils virent le siège de devers le chasteau levé et leurs gens mors, ausquels ils ne peurent faire aide ne secours, pour ce que ceulx de la ville avoient fait escluses qui faisoient redonder l'eauë de la rivière jusques à une lieuë plus haut et au dessus de la ville.

Quand ce siège fut levé, les François ne pouvoient entrer en ladite ville pour ce que les boulevarts estoient fermez, et les portes aussi, à l'encontre des canons de ceux du siège du dehors; et avant que ceux de la ville les peussent ouvrir, il fut nuit : par quoy iceux François ne peurent porter dommage ce jour ausdits comtes et aux autres Anglois qui estoient entre les deux rivières du costé devers ledit Chastillon. Les François entrèrent ce soir en la ville pour eux rafraischir : et cette nuit s'en allèrent lesdits Anglois à Nemours et de là à Paris. Les seigneurs des François dessus dits s'en retournèrent et emmenèrent leurs prisonniers, canons et bombardes, et s'en vinrent sur la rivière de Loire et de là où bon leur sembla. Les connestables de France et d'Escosse, quand les autres seigneurs partirent pour aller faire lever ledit siège de Montargis, demeurèrent eux deux à Jargeau et ne furent point à lever ledit siège. Et quand ils seurent qu'il estoit levé, si en furent moult courroucez pour ce qu'ils n'y avoient point esté.

Édit. Godefroy (Paris, 1661), pp. 374-375.

VII

(Extrait de la *Chronique* de Jean Raoulet.)

En ceste année (1426), environ le moy d'aost, le comte de Suffort, le comte de Warwick et plusieurs autres cappitaines, à grande compaignée de gens de leur party, assiégèrent la ville et chastel de Montargis, et devant firent plusieurs bastilles et forteresses, et batirent aucunement la muraille. Et faisoient grandes mines, pour ce que autrement ils ne povoyent y entrer. Mais pour ce qu'ils avoient longuement tenu le siège, ceulx de dedens n'avoient quoi manger. Adonc s'assemblèrent grant quantité de gens d'armes à Gergueau. Et y estoit le connestable, lequel n'y voloit pas aler, doubtant les dangers, ains deffendit à la Hire qu'il n'y alast, car ils mectroient en danger les gens d'armes et le royaume de France. Alors le bastart d'Orléans, qui tousjours estoit le chef des gens d'armes qui tenoient les frontières, passa les ponts de Gergueau. Et Guillaume de Lebret, chevalier, et le seigneur de Gaucourt, et le seigneur Deruele, conestable des Escoçois estans en France, disdrent tous ensemblement à la Hire qu'ils iroient et chevaucheroient toute nuyt avec environ deux mille combatans. Tellement que au matin ils furent à deux lieues de Montargis et seurent par leurs chevaucheurs, qu'ils avoyent envoyés devant, que les escoutes des Anglois s'estoient retraïs audit siège.

Alors chevauchèrent et se misdrent en bon ordre, et environ de sept à huit heures au matin, frapèrent dedens le siège, et y eut de grans armes faites à l'entrée aux barières et aux fossés. Et entrèrent et prindrent dedens le grant camp des Anglois et tuèrent tout, qui estoient bien huit cens. Puis alèrent à une grosse bastille que tenoyt Henry Biset, chevalier anglois, à tout environ quatre cens hommes, qui donna moult affaire aux dits François. Là fut fort bataillé d'un costé et d'autre; mais à la fin ils tuèrent tous les Anglois, puis passèrent à no la rivière, tant à cheval que pié, pour aler à la grande bataille des Anglois qui estoient environ six mille; mais les Anglois se tindrent ensemble, tellement qu'ils ne les peurent départir. Ils s'en alèrent, et aucuns furent chassés, et y fut prins bien cinq cens et mors mille cinq cens, et toute leur artillerie et bagage demoura aux François, desquels aussi aucuns moururent et plusieurs furent blécez. Puis s'en retournèrent lesdits François en leurs garnisons.

Edit. Vallet de Viriville (Paris, 1859), III, pp. 190-193.

VIII

(Extrait de la *Chronique de Charles VII* de Jean Chartier.)

Siège mis à Montargis.

L'an mil cccc xxmj ou environ, le comte de Warouike et de Sufford, et grant compaignie d'Angloiz mirent le siège devant la ville et chastel de Montargis, et y fuct par loncg temps. Et estoient iceulx Angloiz cloz et fortiffiez de grans fossez et palliz plantez dessus, et y mirent à grant nécessité les François d'icelle place tant de batteries de bombardes que de vivres.

Et ce venu à la congnoessance de Artus conte de Richemont, connestable, fist une assamblée de gens d'armes en icelles marches, et en laquelle compagnie estoit le sire de Graville, le sire de Gaucourt, Étienne de Vignolles dit la Hire et plusieurs vaillans gens de guerre, lesquelz ledict connestable envoya vers ledict lieu de Montargis pour besongner sur ledit siège ce qui leur seroit possible sans nulle autre conclusions prendre. Et finablement vindrent entrer oudit siège d'iceulx contes de Warouik et de Suffort par les barrières faictes ès entrées de leur fortiffiement, à pié et à cheval, en plain jour; et là eust faites de moult belles apertises d'armes d'un costé et d'autre, moult d'étendarts rués jus par terre. Lesquelz contes de Warwyk et de Staffors avec leur compaignie furent desconfitz, ledit siège levé, et en y ot grand nombre de mors et de prins.

Ainssy fut ledit siège levé et lesditz chastel et ville secouruz. Esquelz entrèrent lesditz François à leur plaisir. Et lesditz contes de Waruwych et de Stafford s'en allèrent avec une partie de leurs gens, et en y ot gaigné plusieurs bombardes et autres habillemens de guerre.

Édit. Vallet de Viriville (Paris, 1858-1859), I, pp. 54-55.

IX

(Extrait de l'*Histoire d'Artus III de Richemont* de Guillaume Gruel.)

Comment le siège de Montargis fut liévé.

Puis vindrent les nouvelles que le siège estoit à Montargis, et fut le 1er de juillet (1426). Et convint que mon dit seigneur se partist de Chinon pour assembler tous les gens d'armes qu'il pourroit trouver, et les fist venir à Gien sur Loire. Et y vindrent le connestable d'Escoce et le bastard d'Orléans, Poton et la Hire, monseigneur de Gaucourt, monseigneur de Guitri, Giraud de la Paillière, Alain Giron et plusieurs autres. Et ne vouloient tirer en avant sans argent; et convint que mon dit seigneur le connestable leur en baillast. Et pour trouver finances mist une couronne d'or bien garnie de pierrerie en gaige, laquelle on prisoit dix mille escuz, et la bailla à ung homme de Bourges nommé Jehan Besson; et print de l'argent desus pour bailler aux gens d'armes pour avitailler Montargis. Et en y alant, cuidant ne faire autre chose que leur porter vivres, à la première foiz ne feirent rien; puis y retornèrent une autre foiz. Et fut au moiz de juillet et l'an 1426, environ medi, que plus ne faisoient de guet lesditz Anglois, ne nulle garde, arrivèrent à Montargis ceulx qui venoient pour avitailler la ville. Si vindrent du costé où estoit logié un capitaine nommé Henri Biset, et ne trouvèrent riens à la barrière, et descendirent, et ouvrirent la dicte barrière. Si trouvèrent les Anglois qui dormoient et se refreschissoient pour ce qu'ilz avoient veillé toute la nuyt, et Dieu sceit s'ilz furent bien festoyez. Et en se retirant par sur ung pont qu'ilz avoient fait pour s'entresecourir, le dit pont rompit et se noyèrent grant nombre, et les autres furent mors et prins. Et en effect furent desconfitz tous ceulx du siège de celuy costé. Et de l'autre costé se misdrent en bataille le conte de Warvic, le conte de Soufort et le sire de Talbot, et grant nombre d'Angloys. Si entrèrent noz gens en la ville et se refrechirent avecques ceulx de la dicte ville, qui très bien se y gouvernèrent; puis s'en allèrent les ditz Angloys en belle ordennance. Et fut ainsi levé le siège de Montargis. Et n'y fut point monseigneur le connestable en personne, ni le connestable d'Escosse, car tous les capitaines et gens de grant faczon l'en destournèrent, et luy dirent que ce n'estoit pas le fait d'un homme de telle maison et connestable de France d'aller avitailler une place; et que quant il iroit, ce devroit estre pour attendre la bataille; et il n'avoit pas gens pour ce faire. Et quant le siège fut levé, comme avés ouy, mon dict seigneur le connestable s'en vint à Chinon.

Édit. Levavasseur (Paris, 1890), pp. 57-59.

X

(Extrait du *Commentaire du Jouvencel* de Guillaume de Tringant.)

En celluy temps, Monseigneur de Dunois et Lahyre levèrent le siège de Montargis, et beaucoup d'autres gens de bien en leur compagnie.

Édit. Léon Lecestre (Paris, 1889), II, p. 272.

XI

(Extrait de la *Chronique du Mont-Saint-Michel.*)

L'an mil IIII[c] XXVII, les Anglois mistrent le siège à Montargis, qui y furent desconfiz.....

CIrCa MontargIs VoLvens Leo[1] LILIa IVVIt.

Édit. Siméon Luce (Paris, 1879), I, pp. 29-30.

---

1. Le Lion est celui des signes du zodiaque qui correspond au mois de juillet. C'est en effet au mois de juillet 1427 que les Anglais sous les ordres de Richard de Beauchamp, comte de Warwick, et de William de la Pole, comte de Suffolk, vinrent mettre le siège devant Montargis. (Note de M. Siméon Luce.)

XII

(Extrait du *Petit traictié des Chroniques de Normandie.*)

En l'an mil cccc xxvij, les Anglois mirent le siège à Montargis, et estoient ceulx de la place en grant nécessité. Les François assemblèrent le plus secrètement qu'ils peurent et vindrent sur le siège, qui estoit fort et puissant; mais par ung matin François les assaillirent moult vertueusement, tant qu'ilz les mirent en désarroy et en fuyte, et grant nombre en tuèrent, et plusieurs furent prisonniers, et ceulx de la place secourus. Là mourut ung des seigneurs d'Engleterre, de quoy le corps fut racheté pour porter en son pays. Et comme en portant ce corps les Anglois approchoient de Dieppe pour passer la mer, ceulx de la ville yssirent en procession à l'encontre du corps. Là avoit ung fol qui hayoit les Anglois, et ainsi que les gens d'église chantoient « Libera », chacune fois qu'ilz disoient « dum veneris », le fol crioit « de Montargis! de Montargis! »

Édit. Hellot (Rouen, 1881), pp. 74-75.

XIII

(Extrait des *Vigilles du roy Charles VII* de Martial d'Auvergne.)

Comment le siège fut mis à Montargis par les Anglois.

L'an mil quatre cens vingt six,
Les Angloys asseoir si vindrent
Le siège devant Montargis,
Où là plus de troys moys le tindrent.

Les comtes de Warwic, Suffort
Et d'autres Angloys ung grant tas
Survindrent depuis au confort
De leurs gens traveillez et las.

Contre la ville si gettoient
Canons, bombardes à puissance,
Tellement que ceulx qui y estoient
Avoient bon besoing d'allégance.

Alors les sires de Dunoys,
D'Orval, Graville, de Gaucourt
Et d'autres vaillans gens Françoys
Levèrent le siège de court.

Si frappèrent si roiddement
Du costé devers le chastel
Que les Angloys finablement
Y laissèrent l'otz et la pel.

Les autres qu'estoient acousté,
Quant les nouvelles si ouyrent,
Le soir qu'ilz eurent consulté
S'en allèrent et départirent.

Ainsi les Françoys si levèrent
Ledit siège de Montargis,
Et ce faisant amenèrent
De bons prisonniers au logis.

Si firent grant chère en la ville,
Ne fault pas demander comment,
En rompant taudiz et bastille
Des Angloys moult légierement.

Édit. de 1724 (Paris), I, pp. 90-91.

XIV

(Extraits du compte d'Andry d'Esparnon, trésorier des guerres de France, pour le roi d'Angleterre.)

I (mai 1427).

L'armée mise sus en l'an mil cccc xxvij soubs monseigneur le conte de Suffolk pour la recouvrance de Montargis et autres places occupées par les adversaires du Roy.

Autre armée faicte pour aler devant Montargis et autres places et forteresses détenues par les ennemis du Roy nostre dit seigneur ès païs de Chartrain, Vendosmois, Beaulce et Gastinois, pour résister aux entreprinses des dits ennemis, adversaires, rebelles et désobéissans dudit seigneur qui tiennent et occupent plusieurs villes, chasteaulx, forteresses ès dits païs, et pour réduire, remettre en obéissance les dites villes et forteresses des dits païs occupées par les dits ennemis, non comprinses en ce les villes et forteresses de l'astinance prinse avec les commis du duc d'Orléans sur le fait de la guerre.....[1]

Bibl. nat., ms. fr. 4484, f° 45 v°.

II (juin 1427).

Audit Andry d'Esparnon, lequel pour aler faire le paiement des estats, gaiges et regards de Mgr. le conte de Suffolk et de Dreux, lieutenant du Roy nostre dit seigneur et de Mgr. le Régent le royaume de France, duc de Bedford, ès païs de Chartrain, Vendosmois, Beaulce et Gastinois, et des chevaliers, hommes d'armes et archers estans de sa charge et nombre, ordonnés aler et mettre siège devant les forteresses de Van-

1. Les lignes suivantes ont été raturées.

Le registre contient ensuite le détail des sommes versées aux capitaines chargés des sièges de Vendôme et de Montargis, soit à Verneuil (26 mai), soit à Montargis (8-11 août, 26 août-1er septembre). Il nous est impossible de reproduire tout ce compte. (Fos 46-73.)

dosme, Montargis et autres détenues par les ennemis entre les rivières de Seine et de Loire. — Se party de Paris le xve jour de juing l'an mil cccc xxvij, et ala de ladicte ville de Paris en la ville de Vernueil ou Perche, et mena avecques lui la somme de 10000 liv. tournois ou environ en monnoie blanche.

Ou quel voiage, pour le péril des chemins et la ravine des eauës et aussi des terres qui à la dite cause estoient effondrées; comme aussi séjournant audit Vernueil, attendant illec la venue de mondit sgr. de Suffolk qui faisoit son amast de gens d'armes et autrement besoignoit à l'utilité et accomplissement de la dite armée qui se mettoit sus ou dit lieu de Vernueil, et mesmement pour attendre que les monstres et paiement des dits gens d'armes fussent faiz; — et pour son retour; — ledit trésorier a vacqué par XXI jours entiers commençans ledit xve jour de juing et finissans le ve jour de juillet ensuivant, tous inclus, au prix de LX sous tournois pour chascun jour, à luy ordonné par le Roy nostre dit sgr. et par ses lettres données à Paris le XVIIe jour de février mil cccc XXVI (1427 n. s.) desquelles le vidimus est transcript cy devant au commancement de ce présent compte . . . .

III (août 1427).

Audit trésorier lequel, le IIIj[e] jour d'aoust mil cccc xxvij, se party de la dite ville de Paris par l'ordonnance et commandement exprest de bouche à lui fait *pour aler devant ladite place de Montargis*, — pour faire paiement aus dits gens de guerre et de trait pour xv jours, non obstant que le temps des VI sepmaines dont ilz avoient esté païez aud. lieu de Vernueil ne fust escheu.

Lequel paiement fut ordonné estre fait avant ledit temps des dites VI sepmaines, tant en faveur du service par eulx fait par avant leurs monstres faites au dit Vernueil, où ilz avoient longuement séjourné sans avoir gaiges, attendans la veneue de mondit sgr. de Suffolk; aussi pour la chaireté des vivres qui est devant ladite place de Montargis, et qu'il est commune voix que les plusieurs ne se pouvoient plus tenir, obstant ce qu'ilz avoient despendu l'argent qu'ilz avoient paravant receu, combien que le temps desdites VI sepmaines ne fust encores escheu, comme dit est.

Ouquel voiage ledit trésorier a vacqué, à tant alant et séjournant illec pour faire le dit paiement comme retournant par XI jours entiers commençant le IIIj^e jour d'aoust mil CCCC XXVIJ.

Bibl. nat., ms. fr. 4484, f°s 175 v° et 176 r°.
Amicie de Villaret, *Campagnes des Anglais dans l'Orléanais, la Beauce chartraine et le Gâtinais*, app. I et II, pp. 121-124.

XV

Quittance de matériel destiné au siège de Montargis.

(2 juillet 1427).

Guillaume de la Pole, conte de Suffolc et de Dreux, capitaine et lieutenant général des païs de Chartrain, Vendosmois, Beausse et Gastinois, confessons avoir eu et receu en ceste ville de Vernueil ou Parche, de Jehan Harbotel, escuier, maistre des ordonnances du roy nostre sire et de Mgr le régent, les ordonnances cy après desclairées, c'est assavoir : soixante grans pavaiz blancs, quatorze petiz pavasins noirs, six vints quatorze pelles ferrées, six vints seize pelles defferrées, cent soixante dix et sept piquoys, ung baril de pouldre à canon et et quatre vingt deux lances ferrées, pour convertir et employer au siège ordonné estre mis davent Montargis. Desquelles ordonnances dessus dictes nous promectons par ces présentes descharger ledit Jehan Harbotel envers le roy nostre dit seigneur, mondit seigneur le Régent et tous autres qu'il appartient. Tesmoing nostre scel cy mis le IIe jour de juillet l'an mil CCCC vint et sept.

Par monseigneur le conte, lieutenant et capitaine général :

BÉRASSE.

Bibl. nat., ms. fr. 26050, pièce 746.
Cosneau, *Le connétable de Richemont* (Paris, 1886), app. 49, p. 530.
A. de Villaret, *Campagnes des Anglais dans l'Orléanais, la Beauce chartraine et le Gâtinais*, app. V, p. 127.

XVI

Extraits du compte XIIIe de Hémon Raguier, trésorier des guerres du Roy (Charles VII).

A Jehan Girard, escuier, capitaine de gens d'armes, 385 liv. que le roy par lettres données à Nyort le 17 juillet 1427 a ordoné luy estre payées pour aler luy et ses compagnons dudit Nyort à Montargis pour la garde d'icelle.

Bibl. nat., ms. fr. 20684, f° 546.

Le fait et ravitaillement et secours sur les Anglois des ville et chasteau de Montargis.

A Mgr. Loys d'Escorraille, escuier et chambellan du roy, 1140 liv. parisis pour porter, ainsy qu'il a fait, de la ville de Jargueau, pour distribuer aux gens d'armes et de trait de la compagnie de Mgr. le connestable, et sous son gouvernement, pour aler secourir Montargis assiégé des Anglois.

Aux seigneurs et capitaines cy après nommez allant au siège de Montargis, au s[r] d'Orval, à monseig. le bastard d'Orléans, au connestable de l'armée d'Escosce, à mons[gr] de Villas, à mons[gr] Denis de Saint Savin, à Jehan Girard, au bastard de Culant, au bastard de Tournemire, à Bernard de Cominges, à Henry Peumart, à Rolant le Petit et Guill. le Bouteiller, au seigneur de Bonneville, à (ce qui suit illisible)............... pour avitailler Montargis.

Bibl. nat., ms. fr. 20684, f° 550.

XVII

Lettre du roi d'Angleterre accordant des indemnités aux charretiers qui ont transporté à Montargis du matériel de guerre, notamment à Simon le Forestier dont la voiture et les chevaux ont été perdus.

(16 décembre 1427).

Henry, par la grâce de Dieu Roy de France et d'Angleterre. A noz amez et féaulx conseilliers les trésoriers généraulx, gouverneurs de toutes noz finances de France et de Normandie, salut et dilection.

Comme par nos autres lectres, données le xxvj[e] jour de may darenier passé, eust esté mandé à nostre amé et féal cousin le conte de Suffork que, — pour le fait du siège lors ordené estre mis devant les ville et chastel de Vendosme, — il feist pranre charioz, charettes, charretiers, voitturiers et chevaulx pour conduire les choses nécessaires pour le dit siège;

Lesquelx voitturiers et autres gens, qui ainsi serroient prins, nous, par nos dites lectres, avons voulu estre paiez de leurs paines et salaires raisonnables par noz vicontes plus prouchains des lieux où iceulx voitturiers et voitures seroient prins, pour la cause dessus dite.

Par vertu desquelles noz lectres et du mandement fait par icelles, eussent esté prinses plusieurs voittures jusques au nombre de douze de la viconté d'Evreux, lesquelx furent menées chargées jusques à Vernueil, où ilz demourèrent par aucun temps, pendant lequel temps fut ordené que les gens mis sus pour le dit siège de Vendosme se trairoient devers Montargis, pour mettre le siège devant les ville et chastel dudit lieu de Montargis, — pour laquelle cause du dit nombre de douze voitures furent prinses les six pour aler au dit siège de Montargis; et entre les autres Simon le Forestier, demourant à Evreux, avecques sa charrette, Jehan Danneville, de la sergenterie de la Bonneville, avecques sa charrette, et Jehan Brière, de la sergenterie de l'evesque d'Evreux, avecques sa charrette; chascune charrette atelée de quatre chevaulx, bien et souffisamment.

Lesquelx Simon le Forestier, Jehan Danneville et Jehan Brière, avecques leurs diz chevaulx et charrettes, ont esté et demouré l'espace d'un mois et plus au dit siège; et par espécial ledit Simon le Forestier y a demouré jusques à ce que le siège s'est departi, que y a perdu ses chevaulx et voitture, qui estoit une grande partie de sa chevance, — sans ce que lui ne les autres aient eu aucun paiement ou satisfaction de leurs paines et pertes dessus dictes, excepté seulement que, avant leur partement dudit lieu de Vernueil, chascun d'eulx avoit receu cent solz tournois, qu'est peu de chose au regart de leur paine et dommage dessuz diz; si comme dient lesdits Simon le Forestier, Jehan Danneville et Jehan Brière, requérans sur ce nostre gracieuse protection.

Pour ce est il que nous, après ce que par les vidimus et certification du maistre de nos ordenances de Normandie et autrement, il est souffisamment apparu de ce que dit est, — vous mandons et expressement enjoignons que par le viconte d'Évreux vous faites paier, bailler et délivrer des deniers de sa recepte, c'est assavoir : au dit Simon le Forestier, pour cause de ses paines, salaires et despens d'avoir esté au dit siège et pour récompensation de ses chevaulx et voitture, la somme de vingt cinq livres tournois, aus diz Jehan Danneville et Jehan Brière à chascun cent solz tournois, pour leurs paines et salaires, oultre les cent solz tournois que chascun d'eulx a receu à ceste cause, comme dit est; pourveu toute voie que, de nous ou d'autres, ilz n'aient eu autre paiement que dit est dessus...

Donné à Paris, le xvj[e] jour de décembre, l'an de grâce mil cccc vint et sept, et de nostre règne le sixiesme.

De par le Roy à la relation du grant Conseil. MILET.

Bibl. nat., ms. fr. 26050, pièce 807.
A. de Villaret, *Campagnes des Anglais dans l'Orléanais, la Beauce chartraine et le Gâtinais*, app. IV, pp. 125-127.

XVIII

Gratification accordée par Charles VII au bâtard d'Orléans pour le fait de la délivrance de Montargis.

Charles, par la grâce de Dieu roy de France, à notre amé et féal président de nos comptes l'évesque de Laon, général conseillier sur le fait et gouvernement de nos finances ès païs de Languedoc et duché de Guyenne, salut et dilection. Nous voulons et mandons que par nostre amé Jehan Heaume, receveur général desdites finances, des deniers de sa dite recepte ordinaire ou extraordinaire faites paier et délivrer à nostre amé et féal cousin, conseillier et chambellan, le bastard d'Orléans, la somme de 2000 liv. tournois, laquelle nous lui avons donnée et donnons de grace espécial pour considération de ses bons services que le temps passé il nous a faiz en maintes manières, et mesmement au fait de la guerre à lever le siège de devant nostre ville de Montargis, que nagaires les Anglois, antiens ennemis et adversaires de nous et de nostre royaume, y tenoient, à quoy il a mis grant peine et diligence, en y emploiant sa personne, et tant a que, partie par son grant travail le siège fut levé au grant désavantage et dommage des dits ennemis...

Donné à Lesignen, sous nostre scel ordonné en l'absence du grant, le xxij^e d'octobre, l'an de grâce mil quatre cens vingt sept et de nostre règne le quint.

Par le Roy, les sires de La Trémoille et de Gaucourt présens.

MALLIÈRE.

Bibl. nat., ms. fr. 20382, pièce 19; ms. fr. 20379, f° 134.

Nous Jehan, bastart d'Orléans, chevallier, conseillier et chambellan du Roy, confessons avoir eu et receu de Jehan Heaume, receveur général de toutes les finances de Languedoc, la somme de 2000 liv., laquelle le Roy nostre dit seigneur nous avoit donnée en ses lectres à Lesignen le xxij^e d'octobre dernier, tant pour avoir esté à lever le siège de devant la ville de Montargis, que les Anglois et autres ennemis y tenoient que autrement. De laquelle nous nous tenons pour bien content et payé et en quictons le Roy mondit seigneur, ledit trésorier général et tous autres. En tesmoing de ce, nous avons fait sceller ces présentes de nostre scel et icelles signées de nostre main le xxvj^e jour de janvier, l'an mil cccc xxvij (1428 n. s.).

Le Bastart d'ORLÉANS.

Bibl. nat., ms. fr. 20382, pièce 18; ms. fr. 20379, f° 133.

XIX

Lettre du connétable de Richemont aux habitants de Lyon pour leur apprendre la délivrance de Montargis.

(6 septembre 1427).

Très chiers et bons amis, des nouvelles de par deça hier environ une heure après midy, nos gens frappèrent sur le siège de Montargis, où la mercy notre Seigneur ilz beisongnèrent très bien, car ilz desconfirent troys des sièges, et y ont esté mors ou prins grant nombre d'Angloys, entre lesquelx estoient le conte de Warwich et La Poule, et ne scet l'on encore qu'ilz sont devenuz, et ont nosd. gens mis grant quantité de vivres dedens ledit lieu de Montargis, et en oultre ont esté gaignées cette sepmaine sur les ennemis les places de Marchesnoir et de Montdoubleau, auquel lieu de Montdoubleau a esté gaigné belle artillerie, laquelle les Anglois y avoient lessé espérans mectre le siège à Vendosme, et y ont esté mors et prins les Angloys qui y estoient. Si nous prions que vueillez remercier notre Seigneur de la grace que par ce il a fete à Monseigneur le Roy, à vous et à tout son royaume. Très chiers et bons amis, notre Seigneur soit garde de vous. Escrip à Jargueau, le vi[e] jour de septembre.

Le conte de Richemont, connestable de France,

ARTUR.

Archives de la ville de Lyon, AA. 77.

XX

Extrait du registre des recettes et dépenses de la ville d'Orléans pour les années 1427-1428.

Ibid., *recette 1[ière]* : de Jacques Bouchier, trésorier de Mgr. le duc d'Orléans. Au nom de mondit seigneur, les diz procureurs ont emprunté et receu, par les mains de Thomas de La Rivière, grenetier d'Orléans, la somme de IIIᶜ VIII liv. x s. p. à VII liv. tournois marc d'argent, yssue pour le droit dudit seigneur de la gabelle de XVII muys et ung minot de sel, mesure de Paris, vendu ou chalan à la Poterne Chesneau le XXVIIIᵉ jour d'aoust mil IIIIᶜ XXVII, pour plus promptement trouver argent pour paier l'armée des gens d'armes de Mgr. le connestable de France, mise sus pour le secours de Montargis, qui lors estoit assiégé des Angloys, en acquit de la somme de VIIIᶜ L liv. t., de quoy la ville et forsbours estoient imposez pour leur portion d'un ayde ottroyé au Roy nostre sire.......

Arch. mun. d'Orléans, CC. 653.
A. de Villaret, *Campagnes des Anglais dans l'Orléanais, la Beauce chartraine et le Gâtinais*, p. 32.

XXI

Extrait du registre des recettes et dépenses de la ville d'Orléans pour les années 1426 et 1427.

A Robin de La Saulaye, chevaulcheur, qui apporta nouvelles de Montargis, pour ce à luy baillé, par l'ordonnance desd. procureurs, IIII escuz d'or, qui valent XXVI sols parisis la pièce . . . . C IIII s. p[is].

A maistre Robert Baignart, pour deux sermons par luy faiz les IIIᵉ et VIIᵉ jours de septembre aux processions faites pour le fait de Marchesnoir et de Montargis. . . . . XXVIII s. p[is].

A Jacquet Leprestre, pour ceulx qui portèrent les torches auxdites processions. . . . . VIII s. p[is].

A Jehan d'Orliens, pour avoir crié lesdictes processions. . . . . XVI d. p[is].

Arch. mun. d'Orléans, CC. 653.
Dupuis, *Mémoire sur le siège de Montargis en 1427*, p. 14.
A. de Villaret, *Campagnes des Anglais*, p. 38.

XXII

Extraits des chartes de privilèges concédées à la ville de Montargis après le siège de 1427[1].

(1430-1431).

I

Charles, par la grâce de Dieu Roy de France, sçavoir faisons à tous présens et advenir, nous avons receuë l'humble supplication de nos bien amez les bourgeois, manans et habitans de nostre ville de Montargis, nos subjects et justiciables nuement et sans moyen, contenant comme de tout temps ils ayent toujours esté vrays et loyaux envers nos prédécesseurs, Nous et la Couronne de France, sans par les divisions et guerres qui longuement ont régné et encores règnent en ce Royaume, ne pour autre cause ou couleur avoir jamais varié ne vacillé, et d'eux mesmes se soient le plus de temps gardez et tenuz à l'encontre des dits ennemis, qui comme incessamment les ont menacez, couruz et pillez à l'entour d'eux, faict et porté tous dommages à eux possibles, avec guerre mortelle quant les aucuns d'eux ont peu appréhender, et mesmes dernièrement depuis trois ans en ça, ont esté lesdits supplians assiégez de tous costez par les Anglois nos antiens ennemis et adversaires, qui, par l'espace de deux mois ou environ, les ont tenus en grand détresse et nécessité, et tellement qu'ils n'avoient plus de quoy vivre, et néantmoins en acquittant envers nous leurs loyautez aimoient mieux eslire la mort ou prendre l'adventure que eux rendre ne cheoir en la subjection desdits ennemys, et

1. Ces chartes constituent un document historique de premier ordre mais nous ne pouvons reproduire ici que les passages essentiels.

si vertueusement se gouvernèrent et résistèrent à l'encontre d'eux qui toutesvoyes estoient audit siège en grant et puissant nombre, que par la grâce de nostre Seigneur et le bon ayde et secours que leur donnasmes, ledit siège fut levé, et y moururent et furent vaincuz au grand honneur de nous et des nostres, et à la loüange des supplians, plusieurs et grande quantité desdits ennemis, et le surplus mis en chasse et en fuite, à leur grande confusion....... Pour ce est-il que Nous, les choses dessus dictes considérées (qui sont toutes notoires), ayant regard mesmement à la recommandable loyauté desdits supplians, et à la vertueuse résistance ainsi par eux faicte en grande indigence et affliction à l'encontre de nosdits ennemis : qui a esté, moyennant le fruict qui s'en est ensuivy, le commencement en cas pareil de nostre premier bien et bonheur à l'encontre desdits ennemis......, avons de nostre certaine science, grâce espécial, plaine puissance et authorité royalle exemptez, quittez et affranchiz, et par ces présentes exemptons, quittons et affranchissons à tousjours mais et perpétuellement de tous aydes, tailles, quatriesmes impositions et autres subsides, réservé la gabelle du sel, qui de par nous ou autrement ont esté, sont de présent ou au temps advenir seront imposez et mis en nostre Royaume, soit par le faict de la guerre, pour nostre couronnement ou autre cause quelle qu'elle soit, et aussi de tous barrages, entrées et yssues de villes, ponts, ports, chaussées et passages, et autres tels nouveaux imposts et subsides quelsconques, qui par nostre octroy ou autrement ont esté et seroient cy après mis sus en nostre Royaume en faveur et pour la réparation desdites villes, ponts et passages ou pour autre cause, quelle que elle feust, semblablement de tous anciens et nouveaux péages, tailles, truages, passages, menues coustumes et autres acquis, redevances et subventions quelsconques.....; avons ausdits supplians octroyé et octroyons de nostre plus ample grâce, pour plus grand mémoire, signe et démonstrance de leur dite loyauté, que d'ores en avant à toujours mais perpétuellement nostre dite ville de Montargis soit nommée et appelée Montargis le Franc, et que à ceste cause iceux supplians et leurs dits hoirs et successeurs qui y demoureront et chacun d'eux puisse et leur loise, si bon leur semble, porter en devise en tous temps ceste lettre M couronnée en brodeure, orphaverie ou autrement, ainsi qu'il leur plaira..... Donné à Jargeau sur Loire, au mois de may, l'an de grâce mil quatre cens et trente, et de nostre règne le huictiesme.....

II

Charles, par la grâce de Dieu roy de France, sçavoir faisons à tous présens et advenir, nous avons receuë l'humble supplication de nos bien amez les bourgeois, manans et habitans de nostre ville de Montargis, nos subjects et justiciables nuement et sans moyen, contenant comme en temps de paix, bonne union et tranquilité, ladite ville, qui est clef de païs, belle, forte et notable, bien assise en bon et fertille pays, bien garnie de tout ce qui est nécessaire et appartient à bonne ville, comme rivière, bois, prez, vignes, terres arables, fruicts, pastures et autres biens, ayt esté bien et grandement peuplée dedans et dehors, et se y vendoient et délivroient plusieurs marchandises, et mesmement qu'elle estoit passage des marchans des pays d'Auvergne, Languedoc, Avignon et d'ailleurs, et y soulloient passer en grand multitude les mulés et autres voitures desdits pays chargez de toutes manières de denrées et marchandises; et soit ainsi que par les grandes guerres et divisions qui ont esté et sont en nostre royaume et par espécial au pays de Gastinois, dont ladite ville est principal chef, lesdits supplians ayent eu, souffert et enduré tant de pertes et de dommages que ce a esté chose comme impossible de les pouvoir supporter, et avec ce leur ont faict et porté nos adversaires, en la frontière desquels ils sont, toute guerre mortelle, et mesme depuis trois ans en ça ont esté iceux supplians assiégez [comme dans la charte précédente]..... Pour ce est il que Nous.... avons de notre certaine science, et par l'advis et meure délibération de nostre Conseil, créé, ordonné et estably, et par la teneur de ces présentes, de nostre grâce espécial, plaine puissance et authorité royale, créons, ordonnons et establissons deux foires de croissance audit lieu de Montargis, outre celle qui a accoustumé seoir ledit jour de la Magdeleine..... et avons octroyé et octroyons ausdits supplians que lesdites trois foires déclarées, — c'est à sçavoir celle de la Magdeleine et ces deux présentes de croissance, — tant qu'elles deureront, soient franches, et que tous lesdits marchans et autres personnes qui y amèneront vivres et autres denrées, quelles qu'elles soient, licites et non deffenduës, et les y vendront et achepteront, soient doresnavant, durant le cours de nostre vie, francs, quittes et exempts, et iceux affranchissons, quittons et exemptons par ces dites présentes de tous quatriesmes impositions et autres acquis, subsides, subventions et redevances quelsconques mis ou à mettre sus en nostre royaume, et qui en autres foires se soulloient payer..... Donné à Jargeau sur Loire, au mois de may, l'an de grâce mil quatre cens et trente, et de nostre règne le huictiesme.

III

Charles, etc. [comme dans les deux chartes précédentes]..... voulons et ordonnons de nostre certaine science, grâce espécial, plaine puissance et authorité royalle, et ausdits supplians avons octroyé et octroyons par ces présentes que ladite ville et chastellenie de Montargis et tous nos subjects d'iceux soient et demourent doresnavant à toujours perpétuellement soubs Nous et la seigneurie de Nous, de nos successeurs roys de France, nuement et sans moyen, et d'abondance et de nostre plus ample grâce, en tant que mestier seoit, avons par cesdites présentes nostre dite ville, chastel et chastellenie de Montargis adjoints et uniz, adjoignons et unissons à nostre vray domaine, couronne et seigneurie de France, et nos dits successeurs, et ne voulons que au temps advenir ils en soient aucunement séparez ne mis autre main par appanage, partage, don ne autrement, pour quelconque cause ne à quelque personne de nostre sang et lignage ou autre, en quelque manière que ce soit ou puisse estre..... Donné à Jargeau sur Loire, au mois de may, l'an de grâce mil quatre cens et trente, et de nostre règne le huictiesme.

IV

Charles, etc. [comme précédemment]..... avons donné et octroyé, donnons et octroyons, par manière de privilèges, à tousjours mais perpétuellement l'usage de bois, tel que dict est, en icelle forest de Poucourt, pour chauffer, bastir et édifier en leurs maisons et sur leur héritage, dedans ladicte ville, sans en abuser, à prendre ledit usage en bois mort et mort bois, et aussi en bois vergisant et assumetté, seulement ès dits lieux du Gault et du Botin, comme dict est, avec ledit pasturage, par moyen duquel ils pourront mettre et bouter en ladicte forest, et esdites contrées seulement, quatre porcs en pasture ou au dessoubs pour chascun mesnage, sans que les dits supplians ne leurs successeurs soient pour ce tenuz nous payer, ne à nos successeurs, aucune redevance..... Donné en nostre chastel dudit lieu de Montargis, au mois d'octobre, l'an de grâce mil quatre cens et trente, et de nostre règne le huictiesme.

V

Charles, etc..... sçavoir faisons à tous présens et advenir, nous avoir receuë l'humble supplication de nos bien amez les bourgeois, manans et habitans de nostre ville de Montargis, contenant comme..... durant le siège que les Anglois tindrent longuement devant icelle nostre ville, et tellement et si vertueusement se y gouvernèrent, en acquittant leurs dites loyautez que par la grâce de Dieu et le bon ayde et secours aussi que leur donnasmes, lesdits Anglois tenant ledit siège furent illec desconfits, qui fut le premier et principal heur que ayons en tel cas eu sur nosdits ennemis, et comme le commencement de la recouvrance depuis par nous faicte de plusieurs nos pays que occupoient iceux ennemis;..... avons de nostre certaine science, grâce espécialle et authorité royalle octroyé et octroyons par ces présentes, par manière de privilège, que doresnavant nostre dite ville de Montargis soit ville d'arrest, et que en usant d'iceluy privilège, comme font plusieurs de nos autres bonnes villes, ils puissent faire arrester par le premier nostre sergent sur ce requis les chevaux et autres biens meubles de leurs debteurs qui seront trouvez en ladicte ville et fauxbourgs d'icelle, pour cause des sommes de deniers qui deuës leur seront et pour autres obligations quelsconques à eux appartenans, contractées en ladicte ville et faulxbourgs; pour ce que, après ledit arrest, ils feront apparoir promptement de leurs dites debtes par lettres et confession de partie ou autrement duement. En quoy faisant, voulons les dits debteurs estre contraints à payer icelles debtes avant la délivrance de leurs dits biens ainsi arrestez. Donné à Saumur, au mois de mars, l'an de grâce mil quatre cens et trente (1431, n. s.), et de nostre règne le neufviesme.

Original des quatre premières chartes et copie de la dernière aux *Arch. mun. de Montargis*, AA. 1.

Les privilèges, franchises et libertez des Bourgeois et habitans de la Ville et Faulxbourgs de Montargis-le-Franc (Paris, 1608), f°s 1-16.

Charles Dumoulin, *Coutumes anciennes de Lorris, des bailliage et prévosté de Montargis-le-Franc, Saint-Fargeau et autres ressortissans audit bailliage de Montargis* (édit. de 1629, 1662, 1771), passim.

La première et la dernière charte également insérées au recueil des *Ordonnances des rois de France* (Paris, 1782), XIII, p. 152 et 166.

Imprimerie Bourges. Téléph. — Fontainebleau

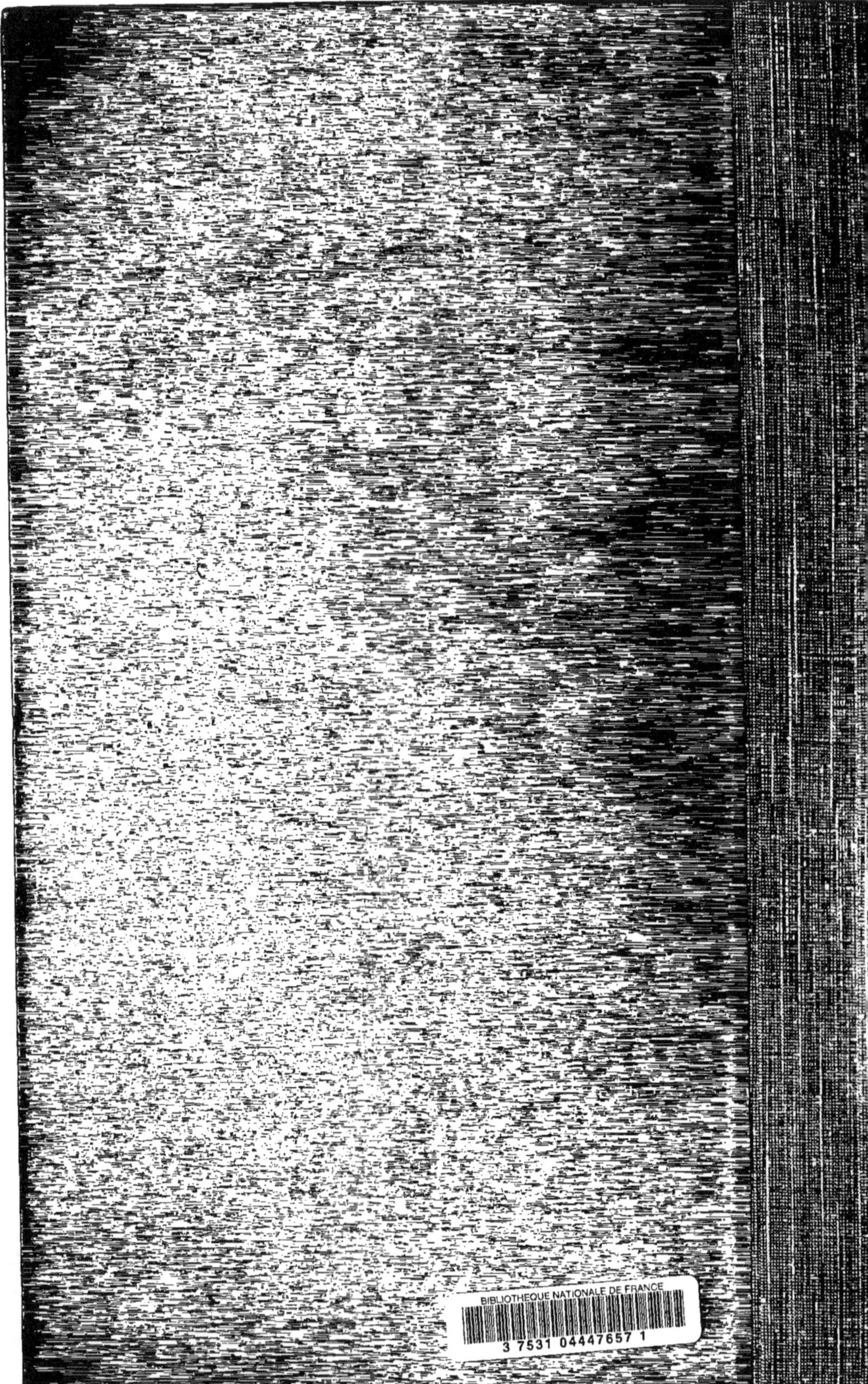

www.ingramcontent.com/pod-product-compliance
Lightning Source LLC
LaVergne TN
LVHW020433230826
846091LV00004B/1485

* 9 7 8 2 0 1 3 6 8 4 4 0 8 *